Anna Kistler/Stefanie Schneider

Illustrationen:
Edith Zeller/Anja Lindemann

Rechnen ohne Stolperstein

Band 3B

Zahlenraum bis 100
mit Zehnerübergang

Arbeitsheft/Fördermaterial

BRIGG Pädagogik

Gedruckt auf umweltbewusst gefertigtem, chlorfrei gebleichtem
und alterungsbeständigem Papier.

1. Auflage 2009
Nach den seit 2006 amtlich gültigen Regelungen der Rechtschreibung

ISBN 978-3-87101-**492**-5 www.brigg-paedagogik.de

Inhaltsverzeichnis

Sonderfälle 1:

Zehnerübergang mit Einern:

Süßigkeiten im Kaufhaus

Sonderfälle 2:

Zehnerübergang mit ZE:

Im Supermarkt

Anhang:

Vorbemerkungen

Eltern und LehrerInnen nehmen oft Probleme beim Erlernen des Rechnens nicht wahr, die für Kinder zum Stolperstein werden können.

Die Gesetzmäßigkeiten der Mathematik eignen sich hervorragend zum eigenen Entdecken. Die Darbietung des Unterrichtsstoffes in Schulbüchern bietet Kindern mit Schwierigkeiten beim Rechnen aber in der Regel zu wenig Struktur. Damit auch Kinder mit Problemen zum Nachdenken ermutigt werden, müssen Beispiele angeboten werden, die überschaubar sind, sich in Zahlenräumen bewegen, die für die Kinder erfassbar sind und besondere Schwierigkeiten gesondert thematisieren. Kinder können so ihr Vorwissen aktivieren und auf höhere Zahlenräume übertragen.

Im numerischen Bereich stolpern viele Kinder beim Übergang vom konkret-anschaulichen zum abstrakten Rechnen. Das Zählen mit den Fingern oder Rechendrill helfen da nicht weiter. Mit der Verwendung der Mengenbilder in Zweieranordnung, die sehr einprägsam ist, wird den Kindern eine „Brücke" zur Abstraktion geboten. Ihr abstraktes Denken wird durch anschauliche Mengenbilder unterstützt und geprägt, mit denen sie dann zu „wirklichen" mathematischen Operationen (nicht zum Dazuzählen mit den Fingern etc.) fähig sind. Zudem eignen sich diese Mengenbilder dazu, den erweiterten Zahlenraum in unserem Dezimalsystem auf anschauliche Weise aufzubauen.

Durch die Zweieranordnung der Mengen können besondere Schwierigkeiten wie z. B. die Zehnerübergänge anschaulich dargestellt werden. Die Ursprünge der Zweieranordnung gehen auf Kühnel in den zwanziger Jahren zurück.[1] Die ,,Formzahlbilder" wurden von Prof. Dr. Schröter erprobt.[2]

Jede Menge wird mit einem einprägsamen „Standard" (Margarita Wittoch) verbunden, an den sich ein Thema anschließt (z.B. Thema „Spielen" bei der Menge 5 in Anlehnung an den Standard „Hand"). In den höheren Zahlenräumen werden Themen verwendet, die im Unterricht gezielt bei der Einführung eines neuen Lernschritts zum Entdecken durch Handeln anregen sollen.

Der immer gleiche Aufbau der Mengen und Übungsformen kommt Kindern mit Rechenproblemen entgegen. Er ermöglicht es ihnen, die Aufmerksamkeit innerhalb der einzelnen Lernschritte auf Inhalte zu richten. Sie können so im eigenen Tempo, relativ selbstständig, im Stoff voranschreiten.

1 Vgl. KÜHNEL, J.: Neubau des Rechenunterrichts, Leipzig 1922, Verlag Klinkhardt
2 Vgl. SCHRÖTER, G.: Mathematik in der Grundschule - Die Methode der Formzahlbilder, Regensburg 1989, Wolf Verlag

Ausgewählte weiterführende Literatur

ABELE, A., KALMBACH, H. u.a. (1993): Handbuch der Grundschulmathematik. 1. und 2. Schuljahr. Stuttgart

ASTER, M. v .LORENZ, J.H. (Hrsg.) (2005): Rechenstörungen bei Kindern. Göttingen (Vandenhoek & Ruprecht)

DIMIDI - Deutsches Institut für medizinische Dokumentation und Information (Hrsg.) (1994)

FRITZ, A. RICKEN, G. SCHMIDT, S. (Hrsg.) (2003): Rechenschwäche. Weinheim , Basel, Berlin (Betz)

GANSER, B. (Hrsg.) (1995): Rechenstörungen (1. Aufl.). Donauwörth (Auer)

GANSER, B. (Hrsg.) (2004): Rechenstörungen (5. überarb. u. Aufl.). Donauwörth (Auer)

GERSTER, H.-D. (1982): Schülerfehler bei schriftlichen Rechenverfahren. Freiburg (Herder)

GRISSEMANN, H. WEBER, A. (1990): Grundlagen der Praxis der Dyskalkulietherapie. Stuttgart (Huber)

ICD-10, Internationale statistische Klassifikation der Krankheiten und verwandter Gesundheitsprobleme. Bd. 1. Stand August 1994. Bern: Huber, S. 387.

KÜHNEL, Johannes. (1922): Neubau des Rechenunterrichts. Leipzig (Klinkhardt)

LORENZ, J. H., RADATZ, H. (1993): Handbuch des Förderns im Mathematikunterricht. Hannover (Schroedel)

SCHRÖTER, Gerhard (1989): Mathematik in der Grundschule - Die Methode der Formzahlbilder,` Regensburg (Wolf)

Hinweise zur Arbeit mit Band 3A und 3B

Auch in diesem Zahlenraum ist es wichtig und möglich, konkret zu handeln. Die übergeordneten Themen ermöglichen es, mit etwas mehr Aufwand vielfältige Spielsituationen zu schaffen, in denen die Kinder mathematische Strukturen wie zum Beispiel das Stellenwertsystem erkennen können. Das Rechnen bis Hundert ist von zentraler Bedeutung, da auch alle folgenden Zahlenräume (Tausend, Million, Milliarde …) sich in Hunderter, Zehner und Einer untergliedern.

Die einzelnen Kapitel in diesem Band unterteilen sich dabei nach der jeweiligen Veränderung bei Einern und Zehnern (z. B. „Die Einer verändern sich", „Zehner und Einer verändern sich"). Durch die Vorwegnahme der „Sonderfälle" (Einer verändern den Zehner) wird der Zehnerübergang erleichtert im Sinne der Isolierung der Schwierigkeit. Rechnen ohne Stolperstein ist für Kinder konzipiert, denen Rechnen schwer fällt. Deshalb ist es wichtig, so vorwärts zu gehen, dass die Kinder in überschaubaren Schritten sich mit neuen Inhalten beschäftigen und diese mit bereits bekannten Strukturen verbinden können.

Die Zehnerbündelung wird wie in Band 2 B durch „Schachteln" symbolisiert. Die Mengendarstellung in Zweieranordnung aus den ersten beiden Bänden wird auf die Zehnerzahlen übertragen. Die „Gestalt" der (Zehner-) Menge bleibt erhalten, kann übertragen und auf einen Blick erkannt werden. Eine weitere Hilfe bei der in der deutschen Sprache widersprüchlichen Benennung und Notierung der Zahlen (Zehner/Einer Inversion) stellt die Farbgebung dar (Einer blau, Zehner rot, Hunderter grün). Diese zeichnerische Darstellung ermöglicht eine relativ große Anschaulichkeit auf der symbolischen Ebene. Auf diese wird bei jedem neuen Lernschritt zurückgegriffen.

Eine weitere Strukturierungshilfe ist die Anwendung der bereits bei den vorausgegangenen Zahlenräumen verwendeten Verbalisierung in Verbindung mit Platzhaltern für die zu notierende Gleichung.

Wie viele sind am Anfang da?	Was passiert? **Wo passiert es?**	Wie viele sind es am Schluss?

Im komplexeren Zahlenraum bis Hundert ist es wichtig, nicht nur zu fragen „Was passiert?", sondern auch „Wo passiert es?". Damit wird das Augenmerk auf Zehner und Einer gerichtet, Analogien zum Bereich bis 10 bzw. 20 werden deutlich. So erhalten die Kinder die Möglichkeit, komplexe Inhalte selbst zu gliedern und für sich zu entzerren.

Sehr deutlich wird das Stellenwertsystem durch das Notieren der Aufgaben untereinander. Besonders Kinder mit Rechenschwierigkeiten, denen es bereits in diesem Zahlenbereich schwer fällt, ohne Anschauungsmaterial zu arbeiten, können so leichter abstrakt rechnen. Deshalb haben wir diese Art der Notation bereits in den Band 3 A aufgenommen.

Auch in diesem Band sind anspruchsvollere Aufgaben enthalten, die die Kinder dazu anregen sollen, selbstständig Lösungswege zu finden oder „günstig" zu rechnen. Als Abrufhilfe für die Kinder haben wir die bekannten Symbole aus den vorherigen Bänden beibehalten.

Hinweise zum Umgang mit den Rechenplättchen

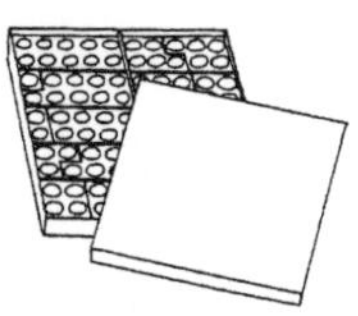

Zu „Rechnen ohne Stolperstein“ gibt es strukturiertes Rechenmaterial („Rechenplättchen“), das die Kinder beim Lernen unterstützt. Es folgen nun einige Hinweise zum Einsatz dieser Rechenplättchen:

Dem Einsatz der Rechenplättchen müssen konkrete Handlungen aus dem Erfahrungsbereich der Kinder vorausgehen. Besonders bei jedem neuen Rechenschritt sollte konkret gehandelt werden. Anregungen hierzu finden sich in den Einführungen der Rechenhefte, z. B. das Thema „Die sieben Zwerge“ bei der Zahl 7.

Auch und besonders im komplexeren Zahlenraum bis 100 ist Handlung zur Veranschaulichung und Verankerung wichtig. Das Legen mit den Plättchen erfolgt analog zur Arbeitsweise im Zahlenraum bis 10 bzw. bis 20.

Die Zehnerzahlen werden unter Beibehaltung der Zweieranordnung ausgelegt. Aufgrund gestaltpsychologischer Gesetze kann auch diese Menge durch ihre Anordnung sofort und ohne Zählen erkannt werden, wie die Mengen bis 10.

Addition:

Eine neue Menge entsteht durch das Zusammenschieben zweier Plättchen und im Falle der Addition von Zehnern durch das Hinzulegen der Zehner des zweiten Summanden. Sowohl Zehner als auch Einer werden so gelegt, dass bei der Summe die Gestalt der Zweieranordnung erhalten bleibt. Der Zehnerübergang erfolgt analog zum Zahlenraum bis 20.

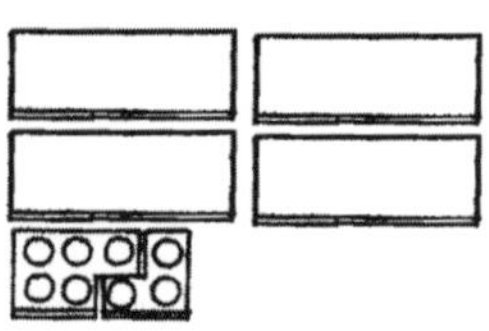

45 + 3

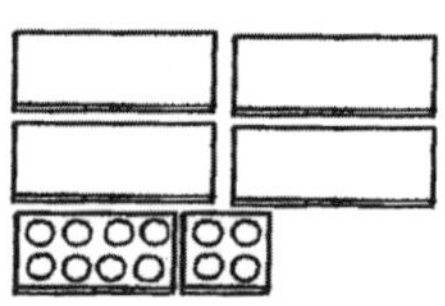

48 + 4

Subtraktion:

Die Ausgangsmenge wird mit Plättchen gelegt. Die Einermenge, die abgezogen werden soll, wird mit der jeweiligen Minusfolie oder dem entsprechenden Plättchen abgedeckt. Ganze Zehner werden weggenommen, dabei soll die Gestalt der Zweieranordnung erhalten bleiben. Der Zehnerübergang erfolgt analog zum Zahlenraum bis 20.

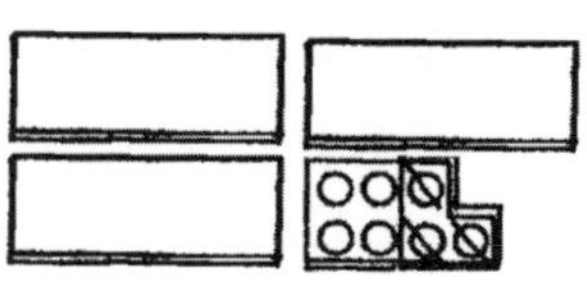

37 - 3

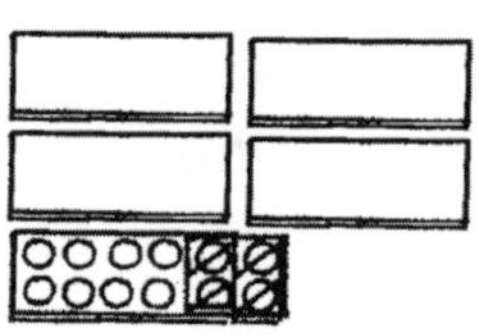

52 - 4

Platzhalteraufgaben:

Zur Lösung von Platzhalteraufgaben in diesem Zahlenraum empfehlen wir das Gleichheitszeichen = in den Focus zu stellen. Rechts und links des Gleichheitszeichens = muss gleich viel sein. Zu diesem Zweck ist es möglich, die Plättchen auf einer Balkenwaage zu wiegen.

Die Einer machen den nächsten Zehner voll!

100

Sonderfälle 1
ZE + E = Z

43 + 7 =	56 + 4 =	31 + 9 =	
62 + 8 =	25 + 5 =	77 + 3 =	94 + 6 =

Fülle den nächsten Zehner auf!

71 + 9 =	27 + 3 =	39 + 1 =	46 + 4 =
82 + 8 =	45 + 5 =	67 + 3 =	54 + 6 =

Wird der nächste Zehner voll?

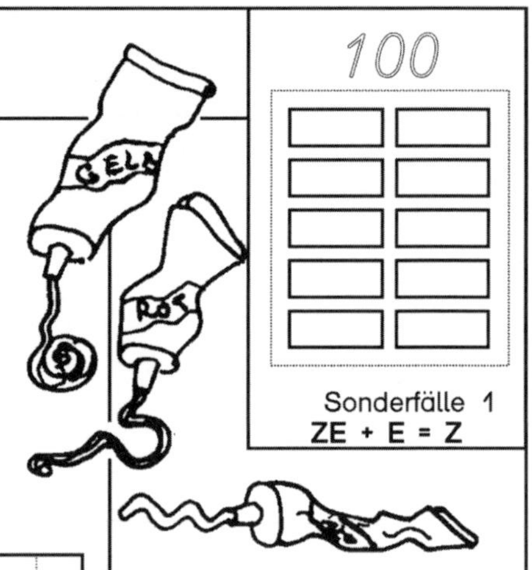

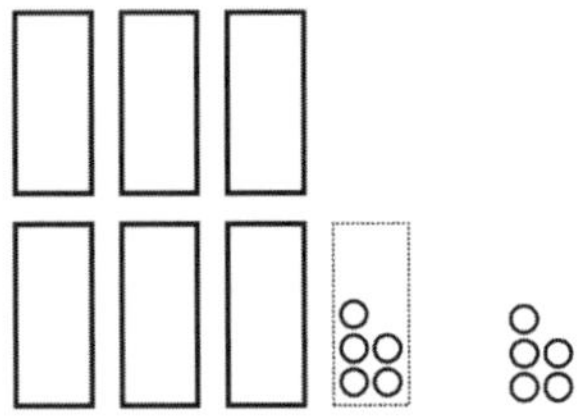

65 + 5 = ☐

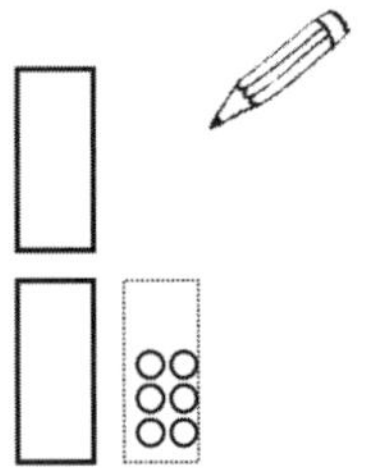

26 + 4 = ☐

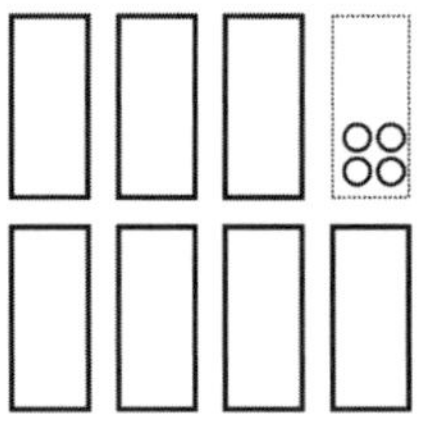

74 + 6 = ☐

52 + 8 = ☐	31 + 38 = ☐	61 + 24 = ☐	72 + 24 = ☐	54 + 32 = ☐
73 + 7 = ☐	23 + 7 = ☐	61 + 9 = ☐	47 + 42 = ☐	36 + 4 = ☐
35 + 43 = ☐	42 + 8 = ☐	25 + 44 = ☐	55 + 5 = ☐	23 + 56 = ☐
41 + 9 = ☐	81 + 9 = ☐	26 + 72 = ☐	41 + 58 = ☐	36 + 62 = ☐
53 + 34 = ☐	11 + 81 = ☐	65 + 23 = ☐	74 + 13 = ☐	98 + 2 = ☐
84 + 6 = ☐	63 + 24 = ☐	61 + 17 = ☐	24 + 6 = ☐	48 + 31 = ☐

Rechne!

28 + 2 = ☐	69 + 1 = ☐	42 + 33 = ☐	37 + 3 = ☐	63 + 15 = ☐
7 + 8 = ☐	41 + 7 = ☐	78 + 2 = ☐	27 + 61 = ☐	88 + 2 = ☐
35 + 23 = ☐	85 + 5 = ☐	38 + 2 = ☐	87 + 3 = ☐	78 + 21 = ☐
75 + 23 = ☐	18 + 31 = ☐	45 + 31 = ☐	74 + 12 = ☐	41 + 9 = ☐
63 + 7 = ☐	22 + 64 = ☐	26 + 42 = ☐	91 + 9 = ☐	62 + 26 = ☐
54 + 25 = ☐	91 + 6 = ☐	86 + 4 = ☐	21 + 61 = ☐	66 + 11 = ☐
57 + 31 = ☐	74 + 25 = ☐	16 + 9 = ☐	61 + 33 = ☐	85 + 5 = ☐
34 + 6 = ☐	79 + 1 = ☐	67 + 3 = ☐	95 + 5 = ☐	99 + 1 = ☐
56 + 4 = ☐	43 + 51 = ☐	43 + 7 = ☐	24 + 2 = ☐	54 + 24 = ☐
16 + 3 = ☐	97 + 3 = ☐	14 + 53 = ☐	89 + 1 = ☐	28 + 11 = ☐
86 + 11 = ☐	58 + 2 = ☐	43 + 23 = ☐	9 + 2 = ☐	50 + 49 = ☐
83 + 7 = ☐	38 + 31 = ☐	12 + 5 = ☐	72 + 21 = ☐	31 + 10 = ☐

Kistler/Schneider: Rechnen ohne Stolperstein · Band 3B

So kannst du + Aufgaben auch aufschreiben:

Zehner	Einer
2	9
	1
+ 1	
=	0

100
Sonderfall 1 ZE + E

Zehner	Einer
4	8
	2
+	
=	

Ein Zehner wird voll! Einer verändern die Zehner.

Zehner	Einer
3	8
+	2
=	

Zehner	Einer
3	6
+	4
=	

Zehner	Einer
7	9
+	1
=	

Zehner	Einer
2	5
+	5
=	

Zehner	Einer
8	7
+	3
=	

Zehner	Einer
6	9
+	1

Zehner	Einer
1	3
+	7

Zehner	Einer
5	2
+	8

Zehner	Einer
3	7
+	3

Zehner	Einer
7	5
+	5

Der letzte Zehner wird aufgemacht!

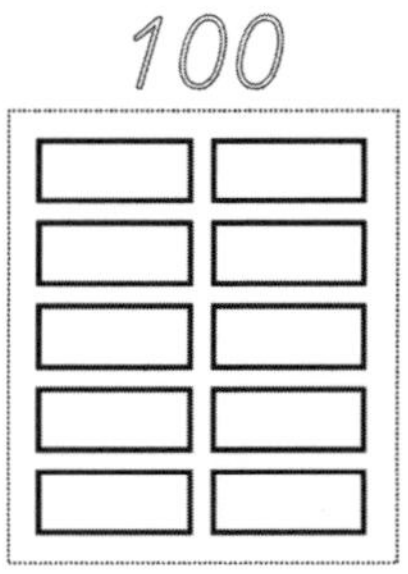

Sonderfälle 1
Z - E

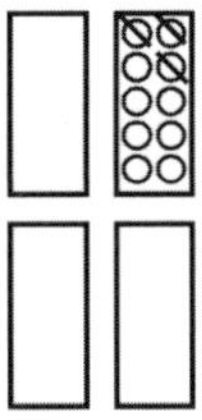

40 - 3 = ☐

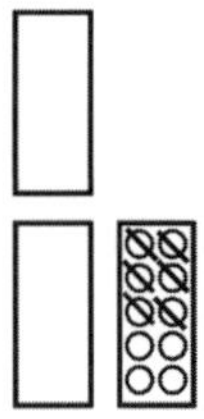

30 - 6 = ☐

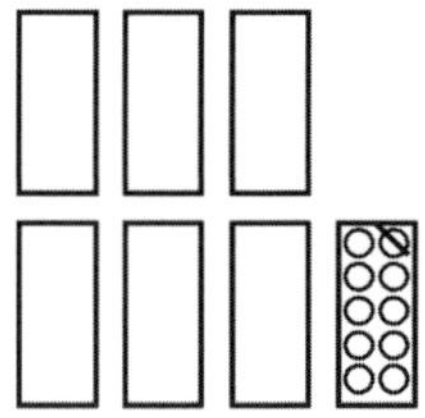

70 - 1 = ☐

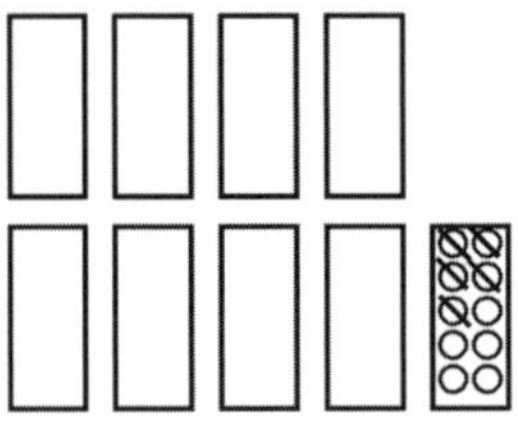

90 - 5 = ☐

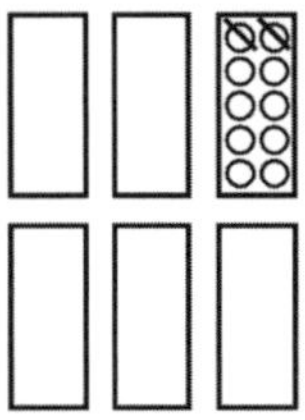

60 - 2 = ☐

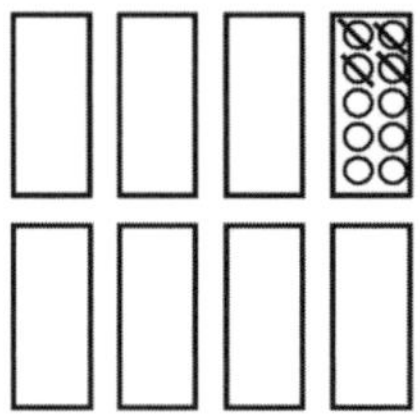

80 - 4 = ☐

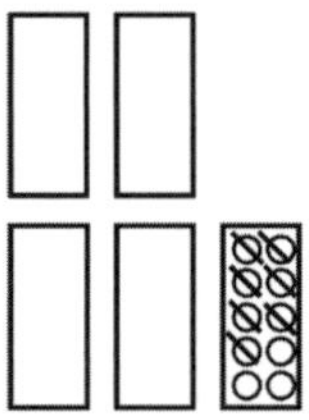

50 - 7 = ☐

Mache eine Zehnerschachtel auf!

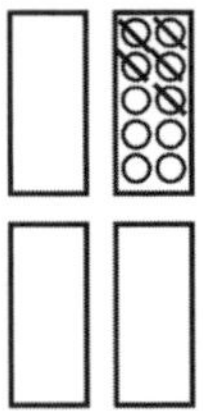

40 - 5 = ☐

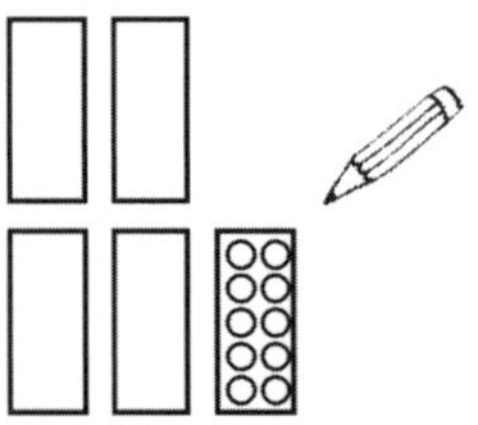

50 - 8 = ☐

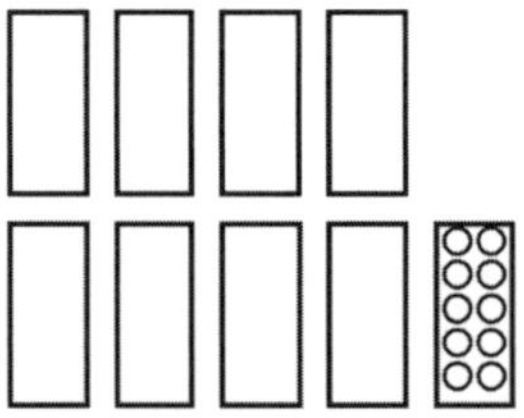

90 - 6 = ☐

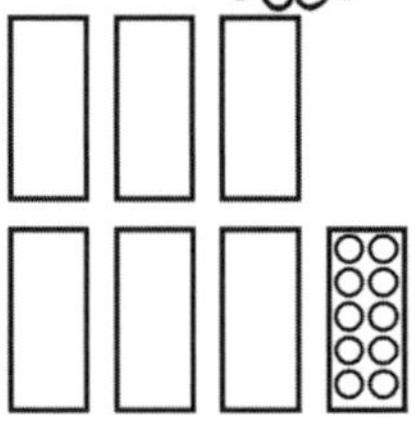

70 - 2 = ☐

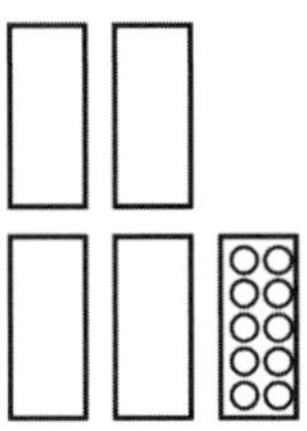

50 - 2 = ☐

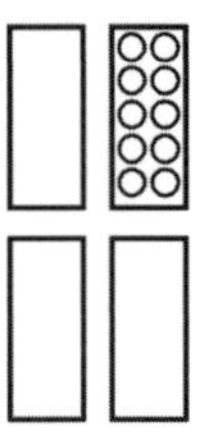

40 - 1 = ☐

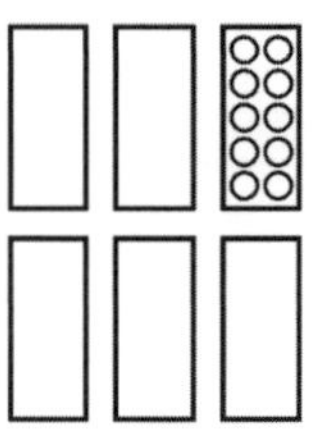

60 - 3 = ☐

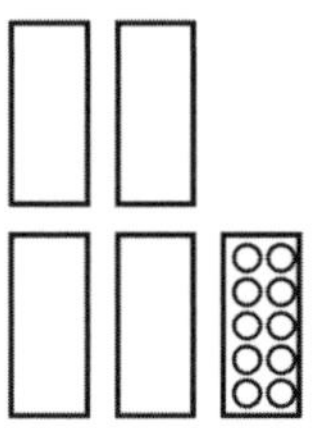

50 - 9 = ☐

Wird der letzte Zehner aufgemacht?

100

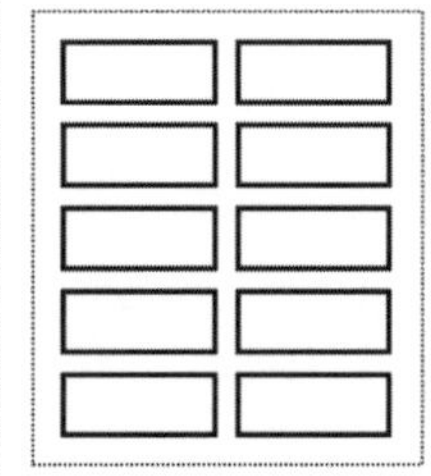

Sonderfälle 1
Z - E

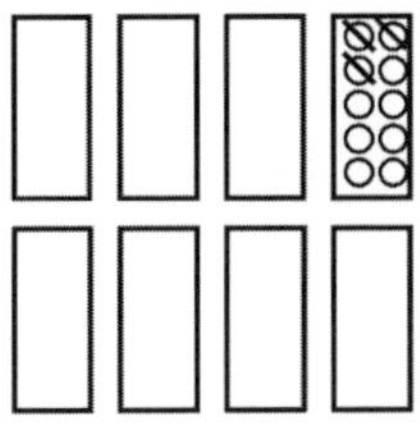

80 - 3 = ☐

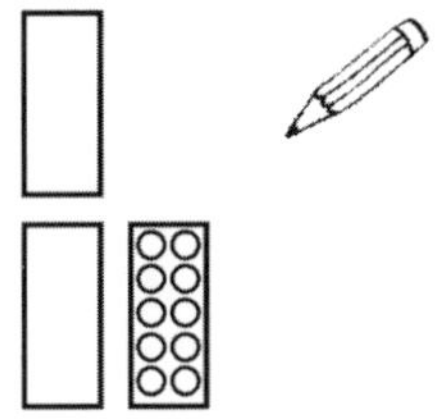

30 - 5 = ☐

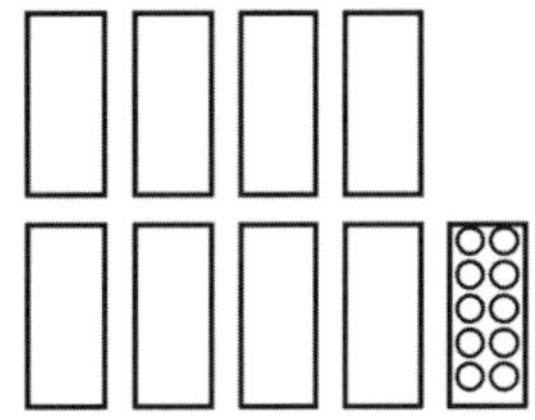

90 - 7 = ☐

40 - 4 = ☐	78 - 41 = ☐	44 - 31 = ☐	45 - 34 = ☐	59 - 35 = ☐
37 - 13 = ☐	90 - 3 = ☐	98 - 73 = ☐	30 - 7 = ☐	20 - 8 = ☐
30 - 2 = ☐	89 - 52 = ☐	50 - 3 = ☐	35 - 31 = ☐	79 57 = ☐
66 - 42 = ☐	60 - 8 = ☐	38 - 22 = ☐	75 - 41 = ☐	70 - 7 = ☐
80 - 6 = ☐	99 - 64 = ☐	56 - 55 = ☐	60 - 4 = ☐	48 - 35 = ☐
50 - 5 = ☐	40 - 9 = ☐	100 - 1 = ☐	76 - 51 = ☐	84 - 34 = ☐

Rechne mit dem Zehnertrick!

70 - 9 = ☐

☐ ⊖ ☐ ⊕ ☐

50 - 8 = ☐

☐ ⊖ ☐ ⊕ ☐

100 - 9 = ☐

☐ ⊖ ☐ ⊕ ☐

90 - 8 = ☐

☐ ⊖ ☐ ⊕ ☐

60 - 9 = ☐

☐ ⊖ ☐ ⊕ ☐

30 - 8 = ☐

☐ ⊖ ☐ ⊕ ☐

80 - 9 = ☐

☐ ⊖ ☐ ⊕ ☐

40 - 8 = ☐

☐ ⊖ ☐ ⊕ ☐

So kannst du - Aufgaben auch aufschreiben:

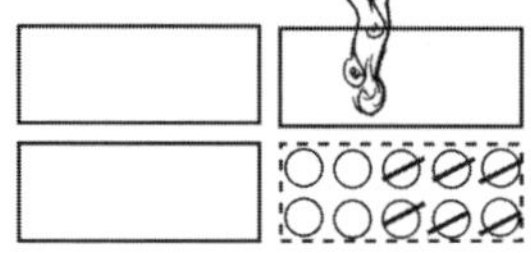

	Zehner	Einer
	3	
	~~4~~ →	10
−		6
=		

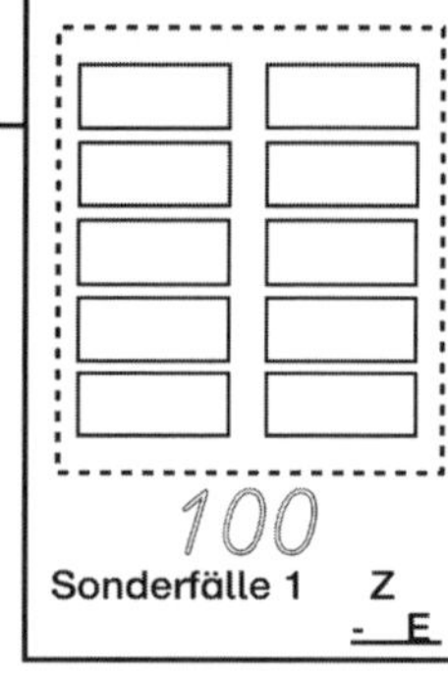

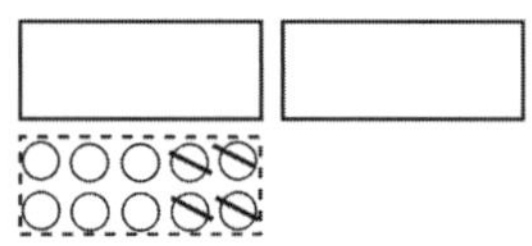

	Zehner	Einer
	2	
	~~3~~ →	10
−		4
=		

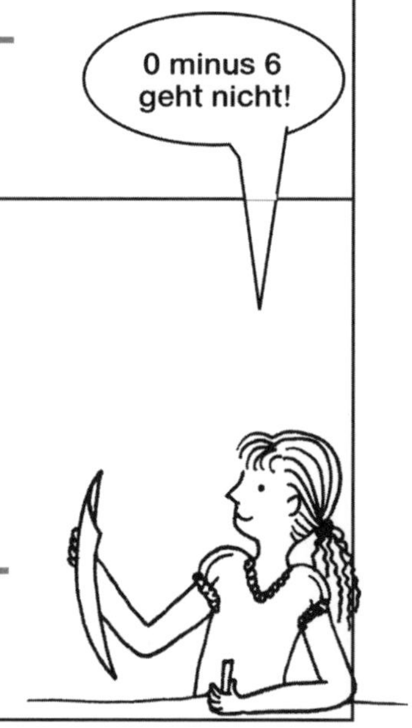

Übe weiter und lege mit Plättchen!

	Zehner	Einer
	6	
	~~7~~ →	10
−		6
=		

	Zehner	Einer
	8	
	~~9~~ →	10
−		5
=		

	Zehner	Einer
	4	
	~~5~~ →	10
−		8
=		

	Zehner	Einer
	5	
	~~6~~ →	10
−		7
=		

	Zehner	Einer
	8	0
−		2

	Zehner	Einer
	4	0
−		9

	Zehner	Einer
	9	0
−		8

	Zehner	Einer
	7	0
−		9

Was passiert?

100

Sonderfälle 1
+ / -

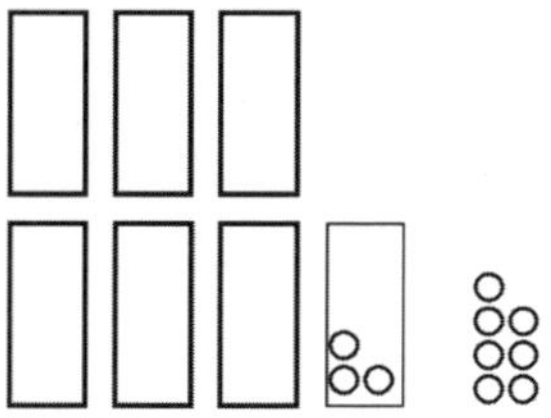

63 + 7 = ☐☐

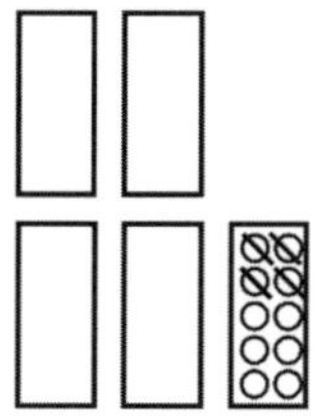

50 - 4 = ☐☐

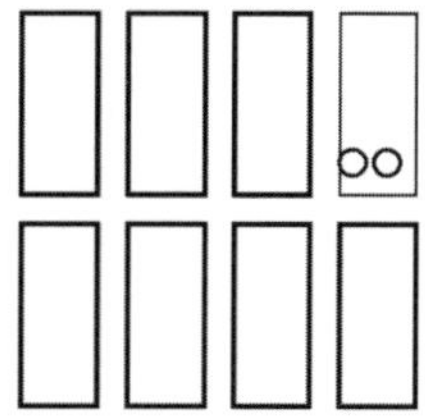

72 + 8 = ☐☐

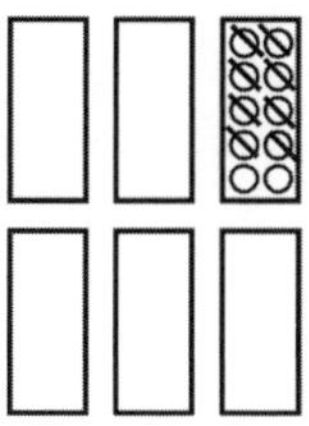

60 - 8 = ☐☐

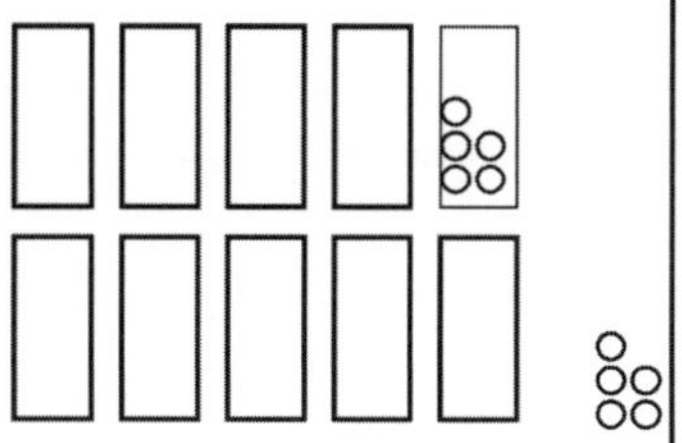

95 + 5 = ☐☐☐

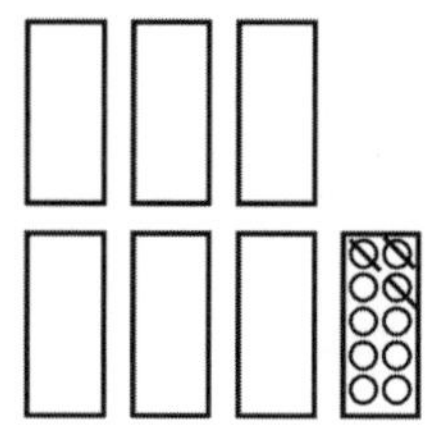

70 - 3 = ☐☐

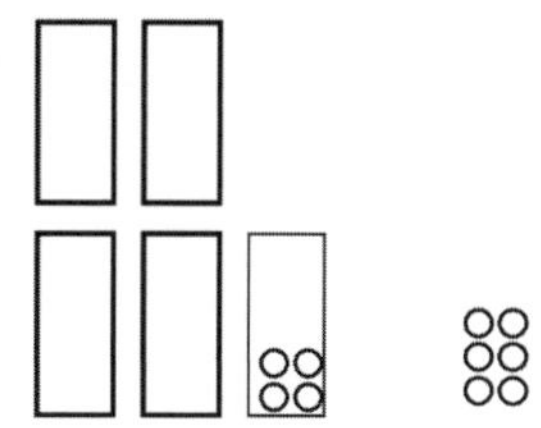

44 + 6 = ☐☐

Achte auf den letzten Zehner!

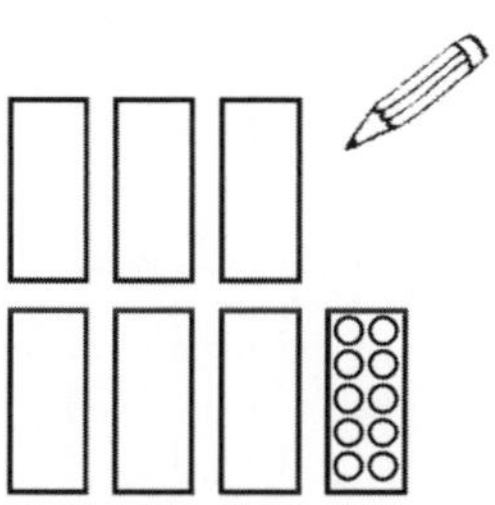

70 - 5 = ☐☐

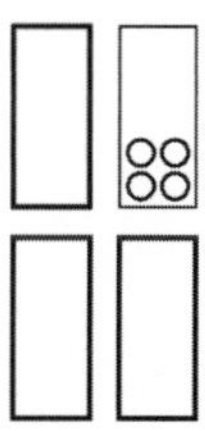

34 + 6 = ☐☐

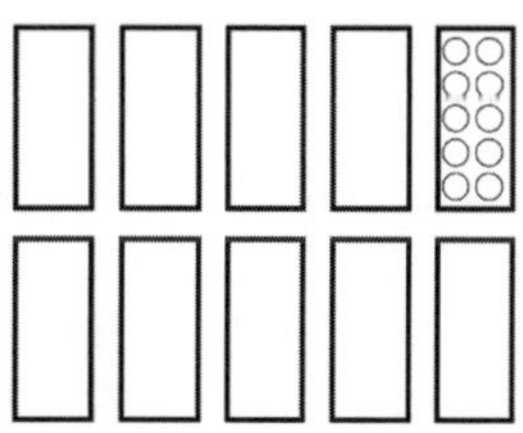

100 - 9 = ☐☐

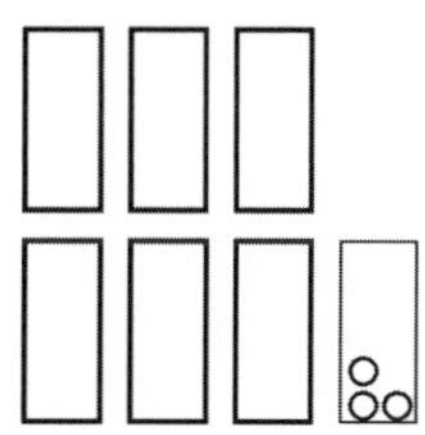

63 + 7 = ☐☐

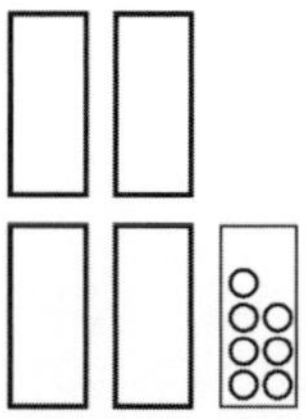

47 + 3 = ☐☐

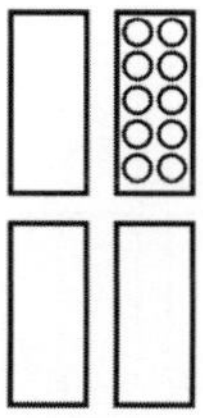

40 - 6 = ☐☐

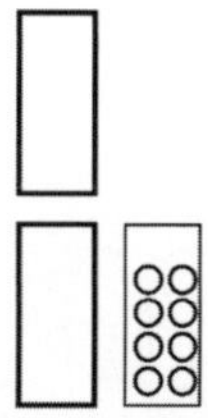

28 + 2 = ☐☐

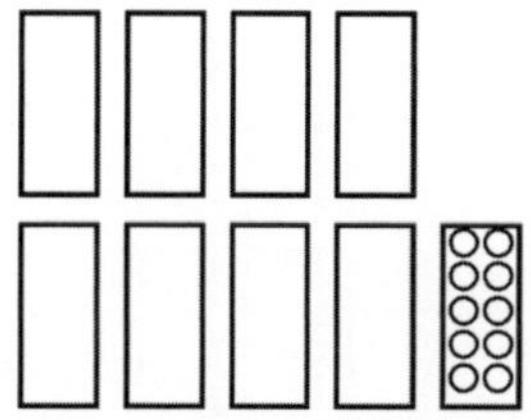

90 - 8 = ☐☐

Male die Rechnung!

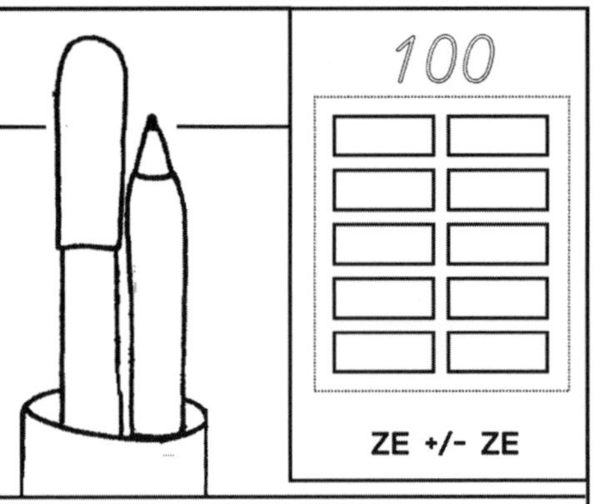

50 - 1 = ☐	57 - 45 = ☐	
16 + 73 = ☐	32 + 64 = ☐	33 + 62 = ☐
84 - 32 = ☐	76 - 14 = ☐	27 + 51 = ☐

Wie heiβt die Rechnung?

50 ○ 2 ○ ☐

Kistler/Schneider: Rechnen ohne Stolperstein · Band 3B

Hier musst du gut aufpassen!

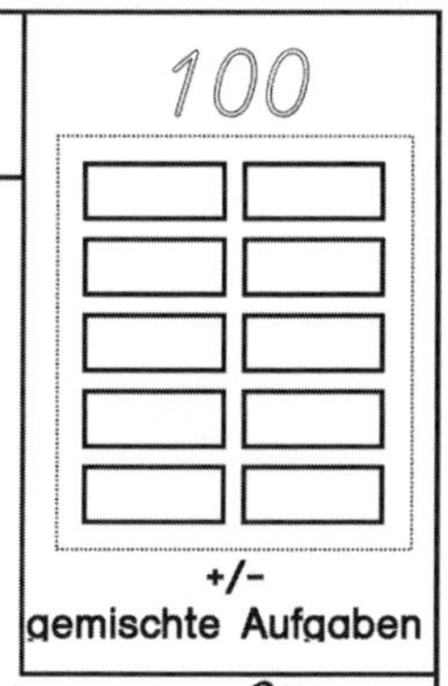

75 - 5 =	95 - 40 =	42 + 5 =	40 + 20 =
51 + 9 =	49 - 4 =	44 + 25 =	60 - 6 =
52 - 1 =	33 + 7 =	34 - 12 =	30 + 40 =
7 + 9 =	41 + 20 =	60 - 10 =	69 - 51 =
48 - 3 =	6 + 7 =	4 + 8 =	50 + 10 =
65 + 20 =	70 - 20 =	40 - 30 =	79 - 43 =

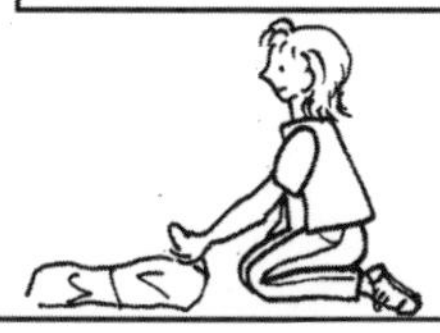

26 + 1 =	98 - 71 =	47 + 3 =	40 + 20 =	82 - 1 =
57 + 10 =	64 + 24 =	59 - 20 =	32 + 53 =	95 - 30 =
58 - 36 =	87 + 10 =	40 - 2 =	80 + 20 =	71 + 24 =
14 - 7 =	83 - 40 =	35 + 5 =	12 - 3 =	46 + 1 =
80 - 2 =	71 + 5 =	80 - 60 =	88 - 8 =	15 - 8 =
5 + 6 =	13 - 6 =	64 + 31 =	83 - 3 =	48 + 2 =

Rechne und male aus!

48 + 2 =	26 + 4 =	40 + 5 =	81 - 1 =	96 - 71 =
59 - 10 =	55 + 10 =	32 + 8 =	95 - 30 =	64 + 23 =
70 - 3 =	57 - 36 =	80 + 10 =	91 + 9 =	37 + 10 =
65 + 5 =	13 - 7 =	11 - 3 =	43 + 7 =	83 - 20 =
90 - 60 =	40 - 2 =	87 - 7 =	11 - 8 =	71 + 9 =
24 + 31 =	7 + 6 =	80 - 9 =	38 + 2 =	60 - 6 =

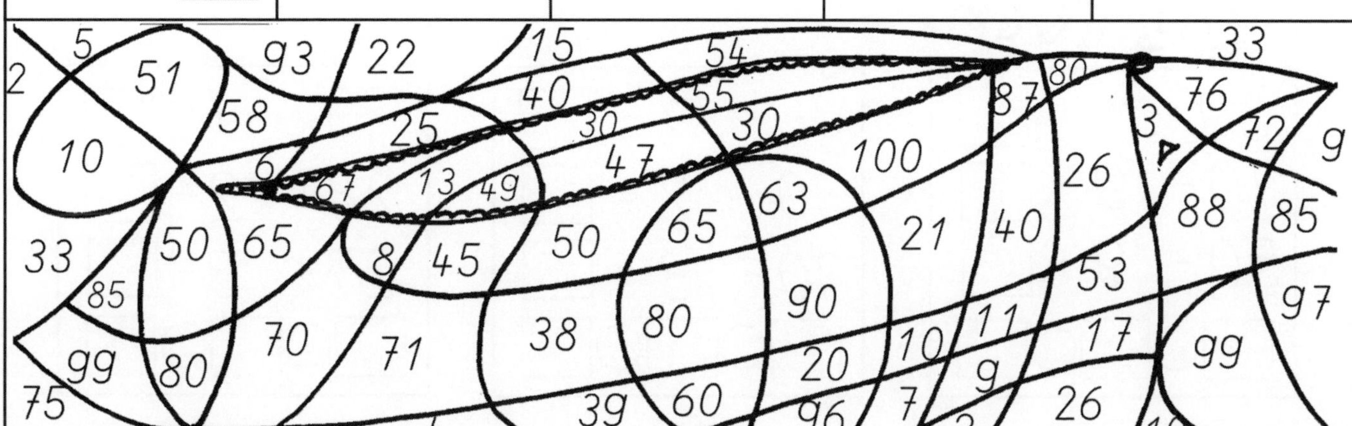

Rechensterne

100

+/-
gemischte Aufgaben

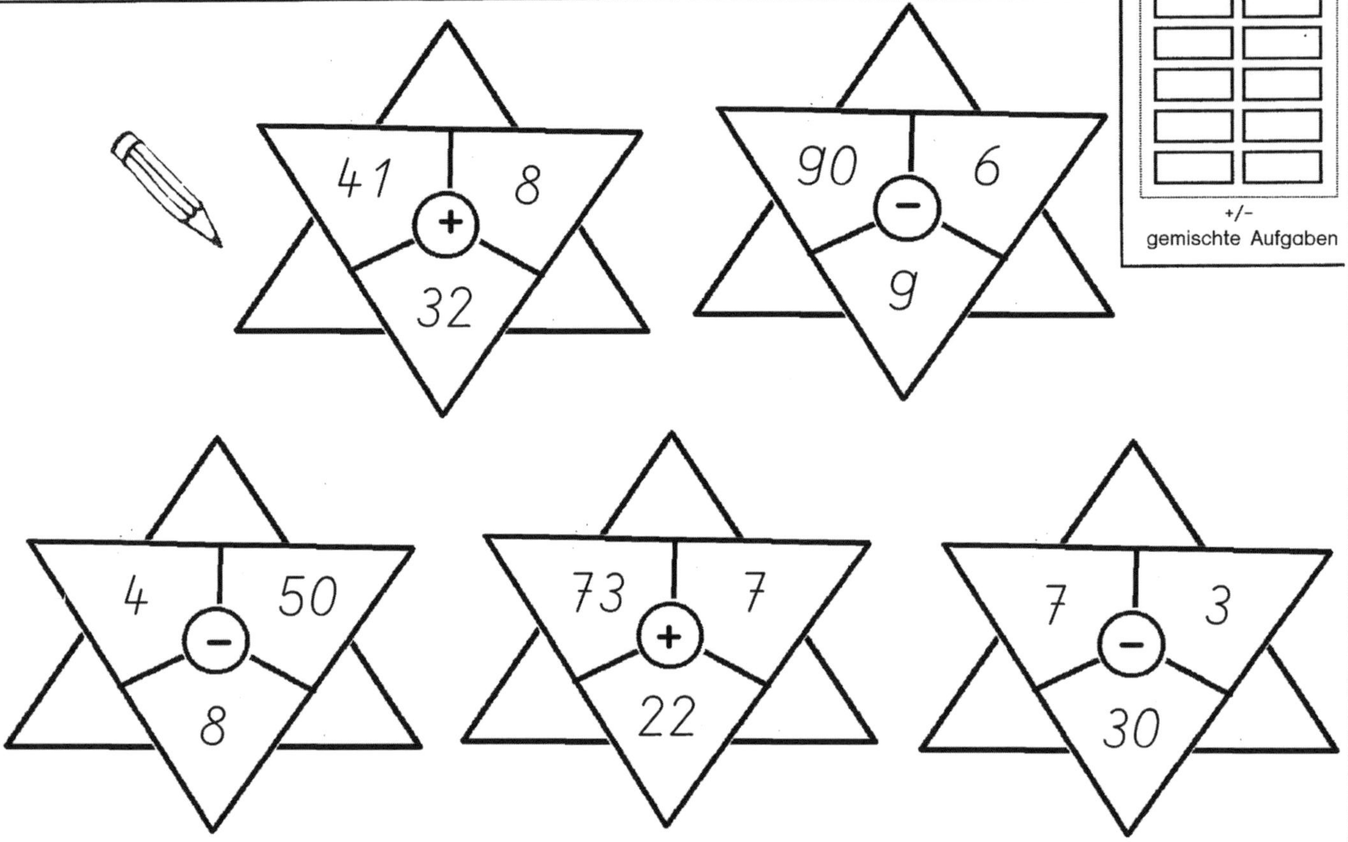

Für Spürnasen : Rechne zuerst! Finde dann eine passende Aufgabe!

84 + 6 = ☐
78 + 2 = ☐
52 + 8 = ☐
☐ ○ ☐ ○ ☐

70 − 3 = ☐
80 − 4 = ☐
100 − 1 = ☐
☐ ○ ☐ ○ ☐

30 − 9 = ☐
70 − 9 = ☐
50 − 9 = ☐
☐ ○ ☐ ○ ☐

30 − 1 = ☐
30 − 2 = ☐
30 − 3 = ☐
☐ ○ ☐ ○ ☐

29 + 1 = ☐
28 + 2 = ☐
27 + 3 = ☐
☐ ○ ☐ ○ ☐

Sachaufgaben

100

Sonderfälle 1
Z - E

Gisela hat in ihrer Schultasche 33 Buntstifte. Oma kauft ihr im Geschäft 7 Leuchtstifte dazu.
Wie viele Stifte hat Gisela jetzt?

Wir rechnen: ☐ ○ ☐ ○ ☐

Wir antworten:

Lisa und Johannes gehen in den Schreibwarenladen. Lisa kauft 21 Sticker, Johannes 9 Sticker zum Tasten.
Wie viele Sticker haben die beiden jetzt zusammen ?

Wir rechnen: ☐ ○ ☐ ○ ☐

Wir antworten:

Klaus kauft sich einen Maus-Block mit 90 Blättern.
Er verwendet gleich 3 Zettel.
Wie viele Blätter sind jetzt noch im Block?

Wir rechnen: ☐ ○ ☐ ○ ☐

Wir antworten:

Fabian hat sich 30 Bögen Buntpapier gekauft. Auf dem Weg nach Hause fallen ihm 2 Bögen in eine Pfütze.
Wie viele Bögen sind jetzt noch zu gebrauchen?

Wir rechnen: ☐ ○ ☐ ○ ☐

Wir antworten:

Jan kauft im Sonderangebot 50 Eisschirmchen. Für seine Geburtstagsfeier braucht er 8 Stück.
Wie viele Eisschirmchen bleiben übrig?

Wir rechnen: ☐ ○ ☐ ○ ☐

Wir antworten:

Im Auftrag der Lehrerin kauft Pia 42 Bögen schwarzes Tonpapier und 8 Bögen Goldpapier.
Wie viele Bögen Papier kauft Pia für die Lehrerin?

Wir rechnen: ☐ ○ ☐ ○ ☐

Wir antworten:

Alles was du kannst!

100

+/-/ gemischte Aufgaben

95 = 92 + □	85 = 43 + □	78 = 52 + □	96 - 54 = □	
68 - 43 = □	89 + 1 = □	40 + 1 = □	21 + 60 = □	
62 + 37 = □	62 + 3 = □	69 = □ + 24	48 - 40 = □	
76 - 20 = □	45 + 30 = □	30 + 50 = □	70 = □ + 40	
30 + 40 = □	7 + 5 = □	70 - 9 = □	47 + 10 = □	76 = 26 + □
89 - 80 = □	46 - 22 = □	99 + 1 = □	76 - 6 = □	57 + 3 = □
88 - 3 = □	100 - 2 = □	96 - 66 = □	100 - 3 = □	76 = 75 + □
35 + 2 = □	44 + 23 = □	70 + 1 = □	60 + 5 = □	67 - 3 = □
53 + 30 = □	88 = □ + 48	16 + 3 = □	25 + 0 = □	42 + 46 = □
90 - 9 = □	87 - 65 = □	75 = □ + 42	88 - 80 = □	56 - 25 = □
73 = 53 + □	59 - 10 = □	73 + 2 = □	75 = 71 + □	46 + 3 = □
24 + 50 = □	76 + 4 = □	12 - 8 = □	86 - 40 = □	87 - 61 = □

Findest du die Lösung?

68 - 54 = □	78 = 65 + □	85 = 83 + □	95 = 34 + □	60 - 1 = □
62 - 22 = □	42 + 7 = □	35 + 10 = □	68 - 30 = □	36 - 35 = □
60 - 40 = □	69 = □ + 41	85 + 5 = □	62 + 5 = □	53 + 41 = □
56 = □ + 26	95 - 55 = □	49 - 45 = □	12 - 7 = □	100 - 9 = □
80 + 1 = □	38 - 4 = □	89 = 59 + □	80 - 10 = □	73 = 71 + □
76 - 70 = □	42 + 20 = □	46 - 2 = □	88 - 56 = □	24 + 6 = □

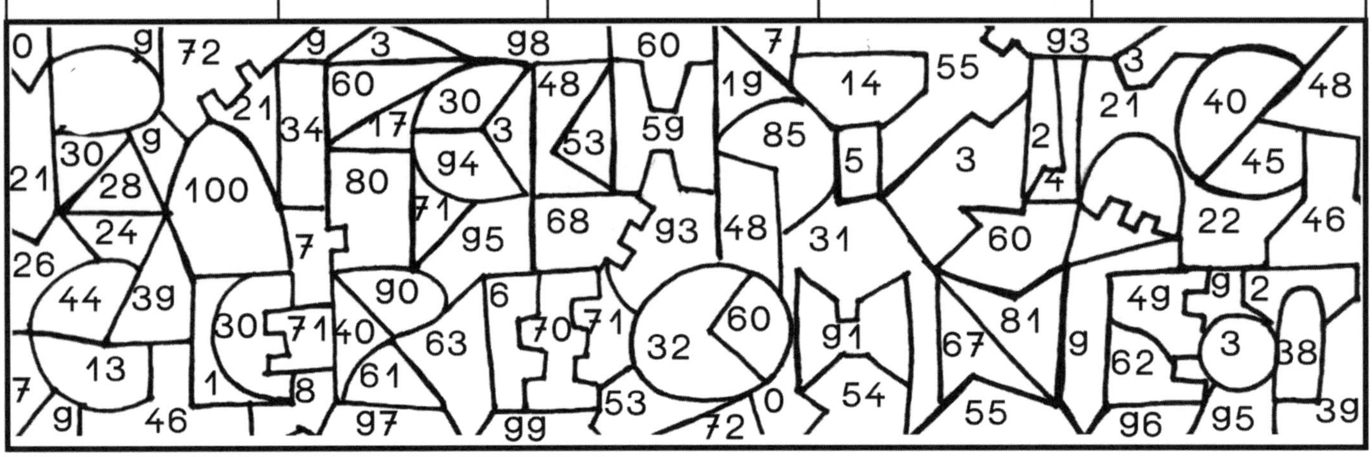

Umkehraufgaben

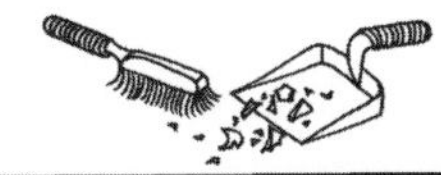

100

+/−/

gemischte Aufgaben

30 − 3 = ☐

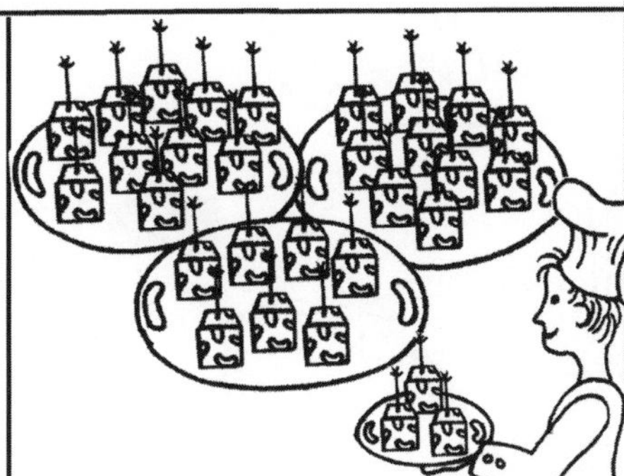

27 + 3 = ☐

100 − 9 = ☐
50 − 5 = ☐
65 − 40 = ☐
90 − 1 = ☐
70 − 7 = ☐
40 − 8 = ☐

☐ ○ ☐ ○ ☐
☐ ○ ☐ ○ ☐
☐ ○ ☐ ○ ☐
☐ ○ ☐ ○ ☐
☐ ○ ☐ ○ ☐
☐ ○ ☐ ○ ☐

Finde Aufgaben!

5

40

35

35 + 5 = 40
5 + ☐ = ☐
☐ − ☐ = ☐
☐ = ☐ + ☐

80 — 7 — 73

☐ ○ ☐ ○ ☐
☐ ○ ☐ ○ ☐
☐ ○ ☐ ○ ☐
☐ ○ ☐ ○ ☐

23 — 30 — 7

☐ ○ ☐ ○ ☐
☐ ○ ☐ ○ ☐
☐ ○ ☐ ○ ☐
☐ ○ ☐ ○ ☐

60 — 54 — 6

☐ ○ ☐ ○ ☐
☐ ○ ☐ ○ ☐
☐ ○ ☐ ○ ☐
☐ ○ ☐ ○ ☐

9 — 90 — 81

☐ ○ ☐ ○ ☐
☐ ○ ☐ ○ ☐
☐ ○ ☐ ○ ☐
☐ ○ ☐ ○ ☐

Süßigkeiten: Wir springen über den Zehner!

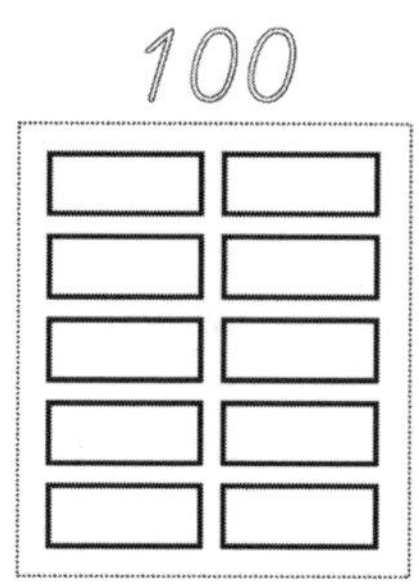

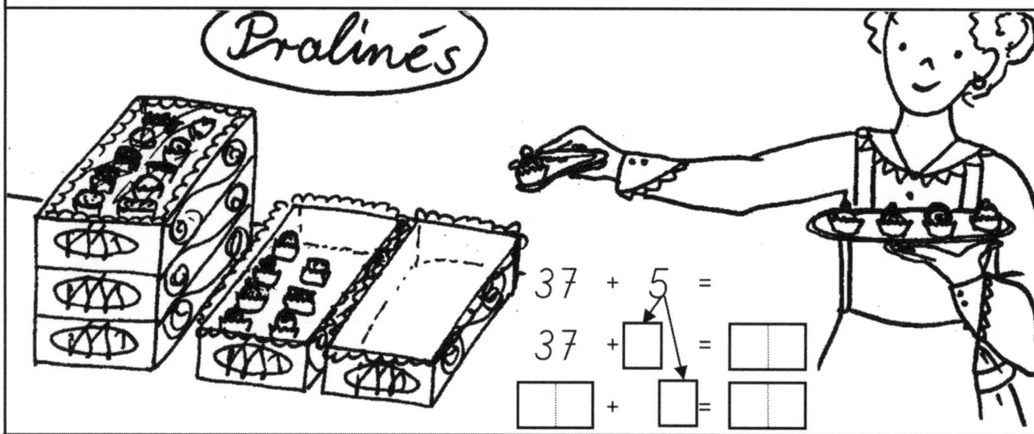

37 + 5 =
37 + ☐ = ☐
☐ + ☐ = ☐

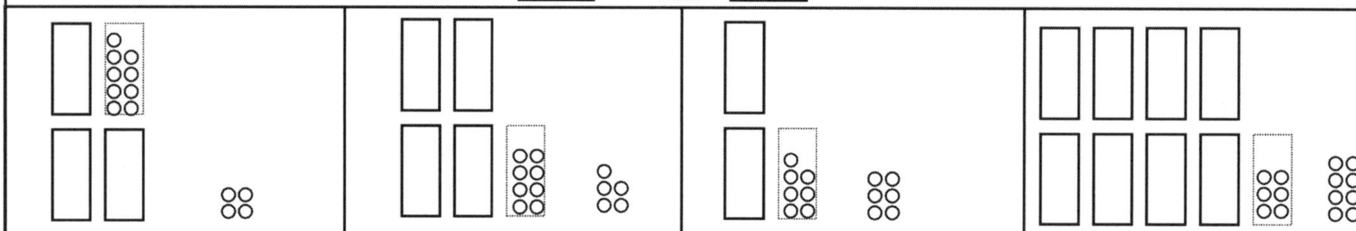

39 + 4 =
39 + ☐ = ☐
☐ + ☐ = ☐

48 + 5 =
48 + ☐ = ☐
☐ + ☐ = ☐

27 + 6 =
27 + ☐ = ☐
☐ + ☐ = ☐

86 + 8 =
86 + ☐ = ☐
☐ + ☐ = ☐

Male die Einer dazu und rechne!

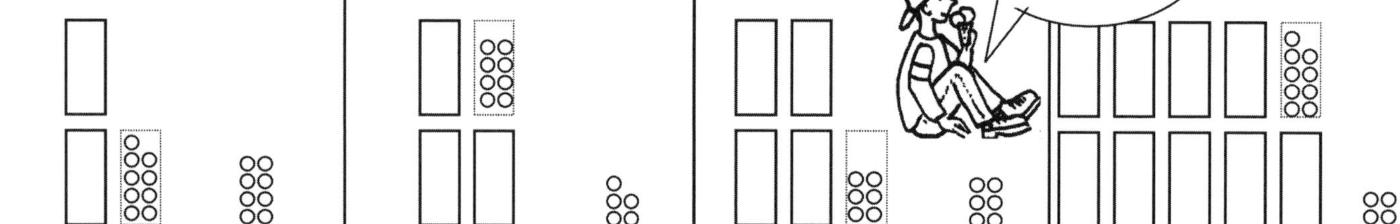

29 + 8 =
29 + ☐ = ☐
☐ + ☐ = ☐

38 + 5 =
38 + ☐ = ☐
☐ + ☐ = ☐

46 + 6 =
46 + ☐ = ☐
☐ + ☐ = ☐

89 + 4 =
89 + ☐ = ☐
☐ + ☐ = ☐

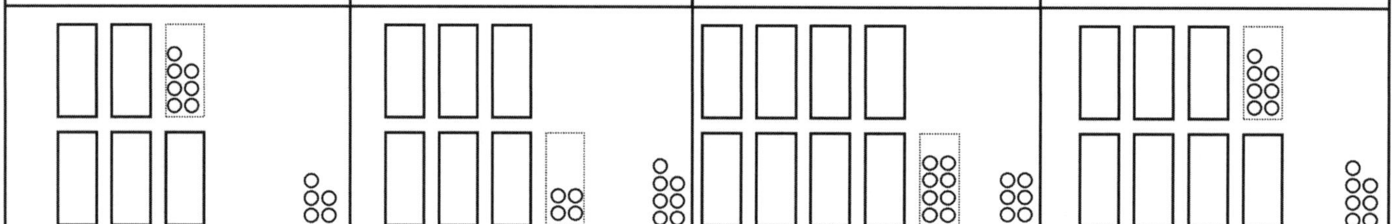

57 + 5 =
57 + ☐ = ☐
☐ + ☐ = ☐

64 + 7 =
64 + ☐ = ☐
☐ + ☐ = ☐

88 + 6 =
88 + ☐ = ☐
☐ + ☐ = ☐

77 + 7 =
77 + ☐ = ☐
☐ + ☐ = ☐

Male und rechne!

100

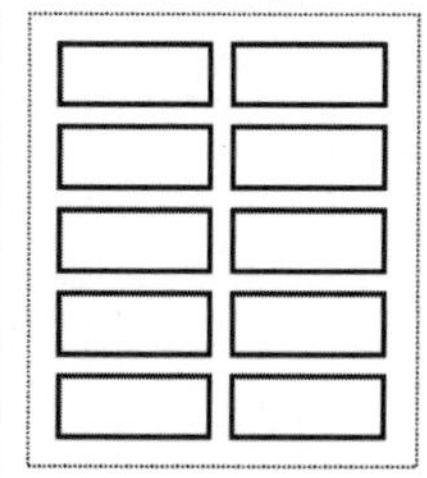

Zehnerübergang
ZE + E

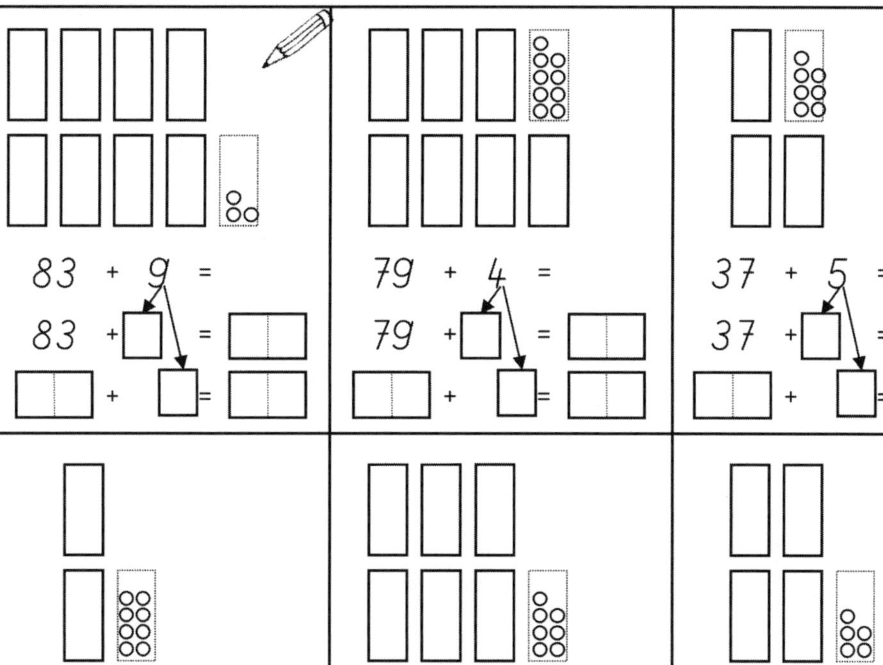

83 + 9 =
83 + ☐ = ☐
☐ + ☐ = ☐

79 + 4 =
79 + ☐ = ☐
☐ + ☐ = ☐

37 + 5 =
37 + ☐ = ☐
☐ + ☐ = ☐

28 + 6 =
28 + ☐ = ☐
☐ + ☐ = ☐

67 + 8 =
67 + ☐ = ☐
☐ + ☐ = ☐

45 + 6 =
45 + ☐ = ☐
☐ + ☐ = ☐

56 + 5 =
56 + ☐ = ☐
☐ + ☐ = ☐

Male die Rechnung!

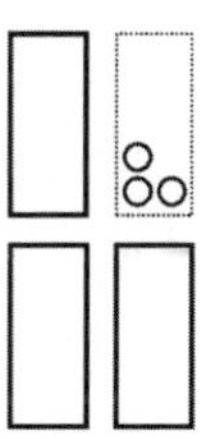

33 + 8 =
33 + ☐ = ☐
☐ + ☐ = ☐

58 + 7 =
58 + ☐ = ☐
☐ + ☐ = ☐

87 + 6 =
87 + ☐ = ☐
☐ + ☐ = ☐

66 + 8 =
66 + ☐ = ☐
☐ + ☐ = ☐

74 + 7 =
74 + ☐ = ☐
☐ + ☐ = ☐

57 + 8 =
57 + ☐ = ☐
☐ + ☐ = ☐

48 + 6 =
48 + ☐ = ☐
☐ + ☐ = ☐

28 + 9 =
28 + ☐ = ☐
☐ + ☐ = ☐

Fülle den letzten Zehner auf!

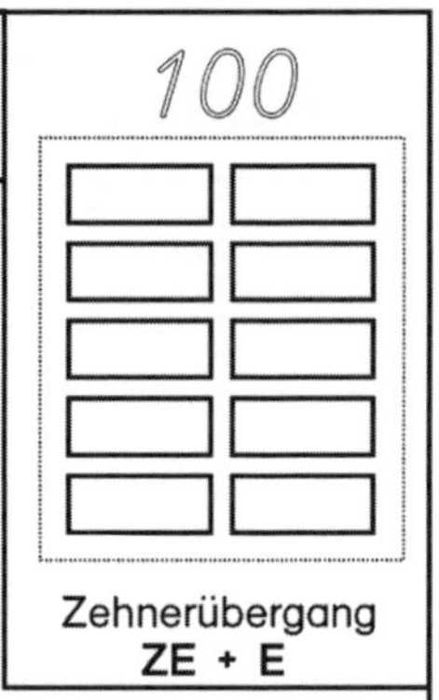

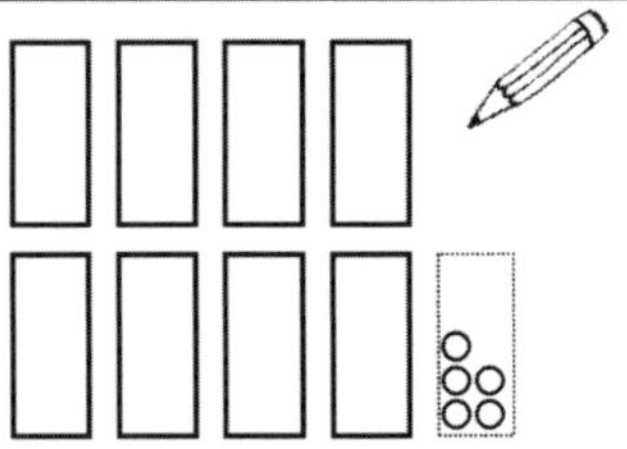

85 + 7 =
85 + ☐ = ☐☐
☐☐ + ☐ = ☐☐

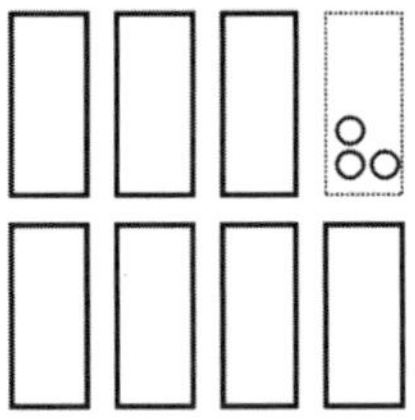

73 + 9 =
73 + ☐ = ☐☐
☐☐ + ☐ = ☐☐

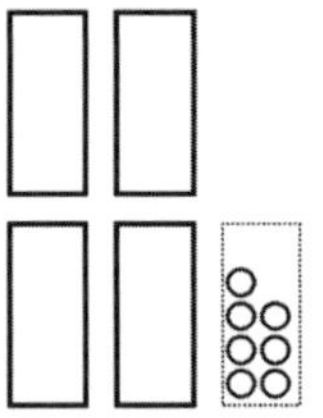

47 + 8 =
47 + ☐ = ☐☐
☐☐ + ☐ = ☐☐

35 + 8 =
35 + ☐ = ☐☐
☐☐ + ☐ = ☐☐

54 + 9 =
54 + ☐ = ☐☐
☐☐ + ☐ = ☐☐

84 + 8 =
84 + ☐ = ☐☐
☐☐ + ☐ = ☐☐

44 + 7 =
44 + ☐ = ☐☐
☐☐ + ☐ = ☐☐

57 + 6 =
57 + ☐ = ☐☐
☐☐ + ☐ = ☐☐

67 + 5 =
67 + ☐ = ☐☐
☐☐ + ☐ = ☐☐

45 + 9 =
45 + ☐ = ☐☐
☐☐ + ☐ = ☐☐

56 + 6 =
56 + ☐ = ☐☐
☐☐ + ☐ = ☐☐

Rechne in zwei Schritten!

25 + 7 =
25 + ☐ = ☐☐
☐☐ + ☐ = ☐☐

65 + 9 =
65 + ☐ = ☐☐
☐☐ + ☐ = ☐☐

59 + 8 =
59 + ☐ = ☐☐
☐☐ + ☐ = ☐☐

39 + 7 =
39 + ☐ = ☐☐
☐☐ + ☐ = ☐☐

75 + 6 =
75 + ☐ = ☐☐
☐☐ + ☐ = ☐☐

48 + 7 =
48 + ☐ = ☐☐
☐☐ + ☐ = ☐☐

65 + 6 =
65 + ☐ = ☐☐
☐☐ + ☐ = ☐☐

54 + 8 =
54 + ☐ = ☐☐
☐☐ + ☐ = ☐☐

36 + 9 =
36 + ☐ = ☐☐
☐☐ + ☐ = ☐☐

53 + 8 =
53 + ☐ = ☐☐
☐☐ + ☐ = ☐☐

76 + 5 =
76 + ☐ = ☐☐
☐☐ + ☐ = ☐☐

69 + 3 =
69 + ☐ = ☐☐
☐☐ + ☐ = ☐☐

74 + 8 =
74 + ☐ = ☐☐
☐☐ + ☐ = ☐☐

67 + 6 =
67 + ☐ = ☐☐
☐☐ + ☐ = ☐☐

38 + 4 =
38 + ☐ = ☐☐
☐☐ + ☐ = ☐☐

28 + 5 =
28 + ☐ = ☐☐
☐☐ + ☐ = ☐☐

Jetzt ohne Zwischenschritt!

100

Zehnerübergang
ZE + E

87 + 5 = ☐	76 + 7 = ☐	34 + 8 = ☐	16 + 5 = ☐
27 + 8 = ☐	64 + 9 = ☐	49 + 5 = ☐	55 + 6 = ☐

Wie heißt die Rechnung?

☐ ○ ☐ ○ ☐	☐ ○ ☐ ○ ☐	☐ ○ ☐ ○ ☐	☐ ○ ☐ ○ ☐
☐ ○ ☐ ○ ☐	☐ ○ ☐ ○ ☐	☐ ○ ☐ ○ ☐	☐ ○ ☐ ○ ☐

Das schaffst du jetzt!

100

Zehnerübergang
ZE + E

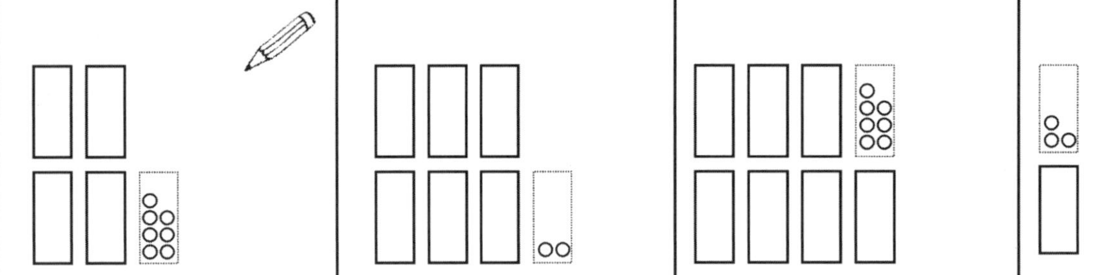

47 + 6 =	62 + 9 =	77 + 8 =	13 + 8 =

39 + 2 =	79 + 3 =	67 + 7 =	89 + 5 =	29 + 6 =
24 + 7 =	77 + 4 =	58 + 6 =	49 + 4 =	47 + 7 =
46 + 5 =	86 + 5 =	49 + 2 =	48 + 3 =	38 + 7 =
79 + 2 =	23 + 9 =	78 + 5 =	66 + 6 =	69 + 4 =
87 + 4 =	68 + 3 =	25 + 6 =	29 + 4 =	89 + 5 =
38 + 3 =	29 + 3 =	28 + 3 =	22 + 9 =	28 + 6 =

Süße Aufgaben!

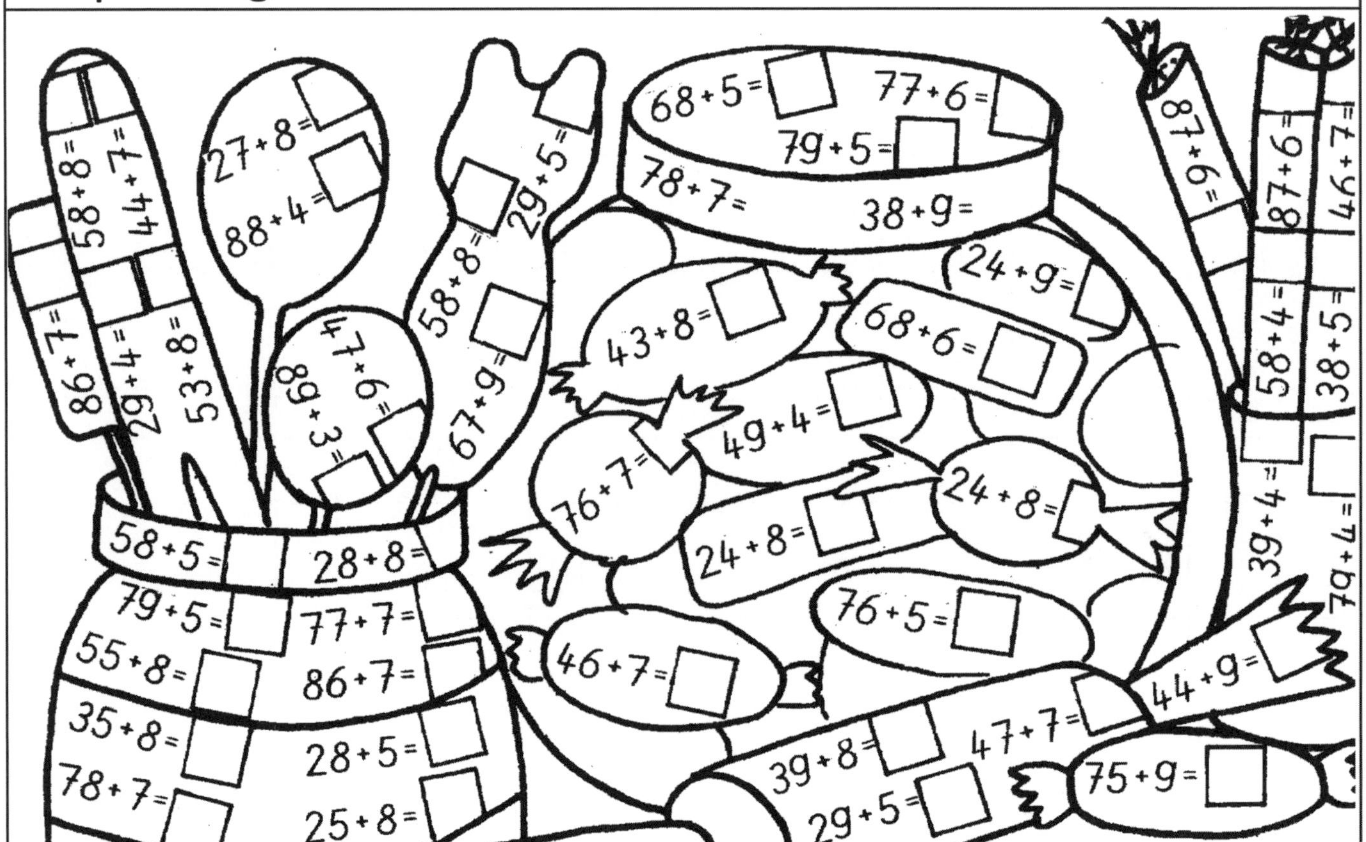

Tauschaufgaben

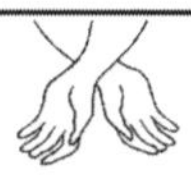

100

Zehnerübergang
ZE + E

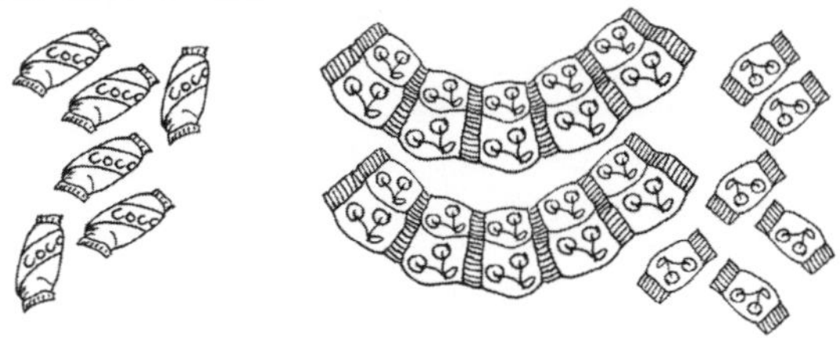

6 + 26 = ☐	☐ + ☐ ○ ☐

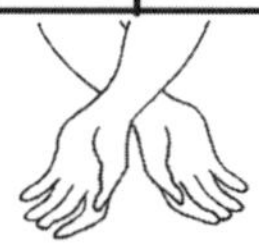

6 + 35 = ☐	☐ + ☐ = ☐
4 + 28 = ☐	☐ ○ ☐ ○ ☐
7 + 65 = ☐	☐ ○ ☐ ○ ☐
6 + 85 = ☐	☐ ○ ☐ ○ ☐
2 + 48 = ☐	☐ ○ ☐ ○ ☐
5 + 88 = ☐	☐ ○ ☐ ○ ☐
8 + 64 = ☐	☐ ○ ☐ ○ ☐

Lösung: ☐☐☐☐ ☐☐☐ ☐☐☐ ☐☐☐ ☐☐☐☐☐☐☐☐ ☐☐☐☐ ☐☐☐☐☐☐☐☐☐

85 + 7 = ☐	H	92	D	93	
88 + 9 = ☐	O	97	Ü	96	
72 + 9 = ☐	S	82	L	81	
38 + 9 = ☐	E	47	K	48	
87 + 5 = ☐	D	92	T	93	
84 + 8 = ☐	A	91	I	92	

46 + 7 = ☐	R	53	G	54
75 + 6 = ☐	E	80	V	81
38 + 9 = ☐	O	47	E	46
45 + 8 = ☐	N	53	Ö	37
77 + 8 = ☐	R	86	D	85
69 + 5 = ☐	E	74	L	75

63 + 9 = ☐	R	72	H	71
66 + 8 = ☐	E	73	L	74
58 + 6 = ☐	N	63	E	64
44 + 7 = ☐	H	51	K	52
66 + 5 = ☐	R	71	I	72
54 + 7 = ☐	E	61	N	62

37 + 8 = ☐	R	45	N	46
25 + 9 = ☐	I	34	E	33
44 + 9 = ☐	S	52	N	53
84 + 9 = ☐	H	94	E	93
24 + 7 = ☐	G	32	I	31
56 + 9 = ☐	A	66	N	65

66 + 7 = ☐	E	73	R	72
26 + 9 = ☐	I	34	B	35
56 + 8 = ☐	C	65	E	64
49 + 4 = ☐	C	52	L	53
73 + 9 = ☐	O	82	H	83
49 + 7 = ☐	H	56	T	57

68 + 4 = ☐	S	73	N	72
36 + 8 = ☐	C	43	U	44
24 + 8 = ☐	N	32	H	31
73 + 8 = ☐	G	81	W	82

So kannst du + Aufgaben auch aufschreiben:

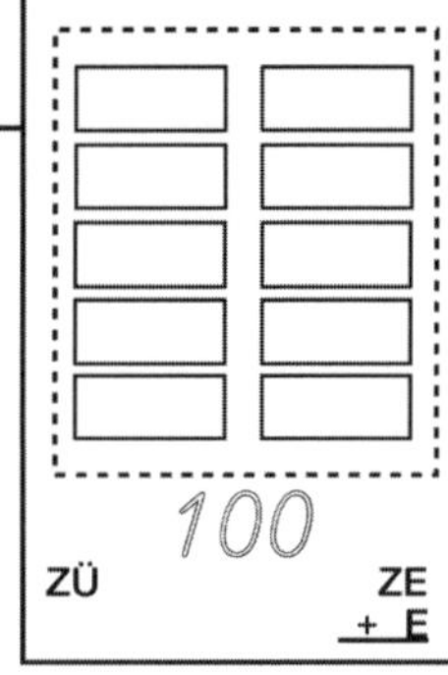

	Zehner	Einer
	2	9
		2
+	1	
=		1

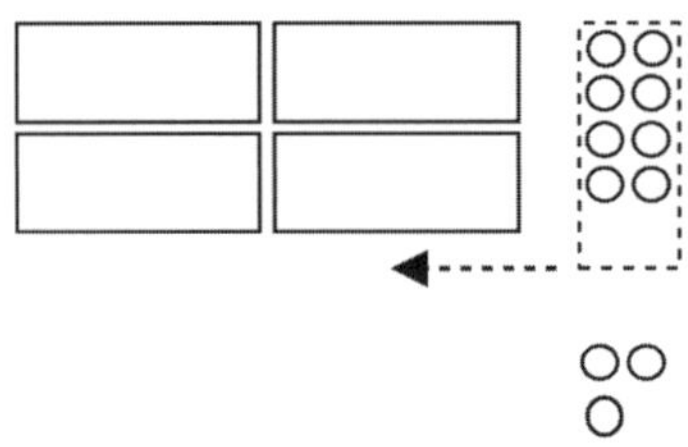

	Zehner	Einer
	4	8
		3
+		
=		

Ein Zehner wird voll! Einer verändern die Zehner.

	Zehner	Einer
	3	8
+		4
=		

	Zehner	Einer
	3	6
+		5
=		

	Zehner	Einer
	7	9
+		3
=		

	Zehner	Einer
	2	5
+		7
=		

	Zehner	Einer
	8	7
+		6
=		

	Zehner	Einer
	6	9
+		5

	Zehner	Einer
	1	3
+		9

	Zehner	Einer
	5	2
+		9

	Zehner	Einer
	3	6
+		6

	Zehner	Einer
	7	5
+		7

Wir springen rückwärts über den Zehner!

100

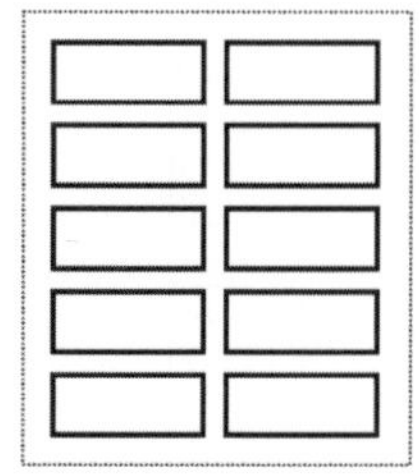

Zehnerübergang
ZE -E

23 - 5 =
23 - ☐ = ☐☐
☐☐ - ☐ = ☐☐

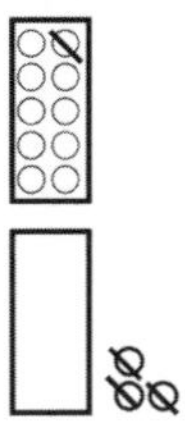

23 - 4 =
23 - ☐ = ☐☐
☐☐ - ☐ = ☐☐

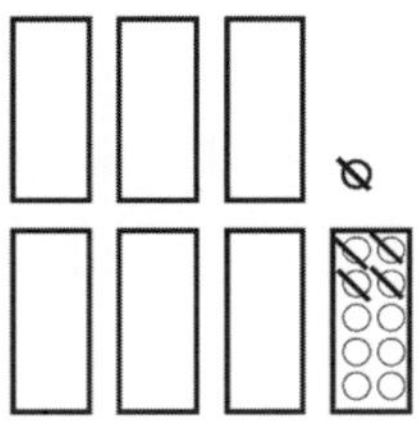

71 - 5 =
71 - ☐ = ☐☐
☐☐ - ☐ = ☐☐

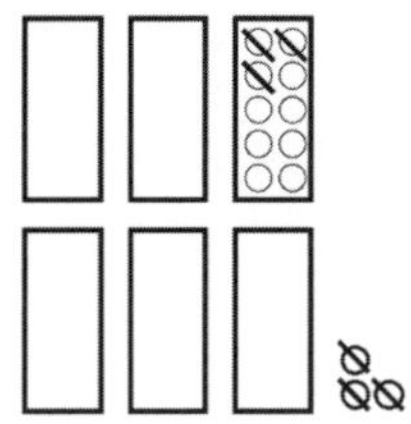

63 - 6 =
63 - ☐ = ☐☐
☐☐ - ☐ = ☐☐

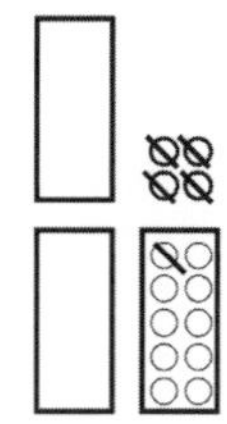

34 - 5 =
34 - ☐ = ☐☐
☐☐ - ☐ = ☐☐

Streiche weg und rechne!

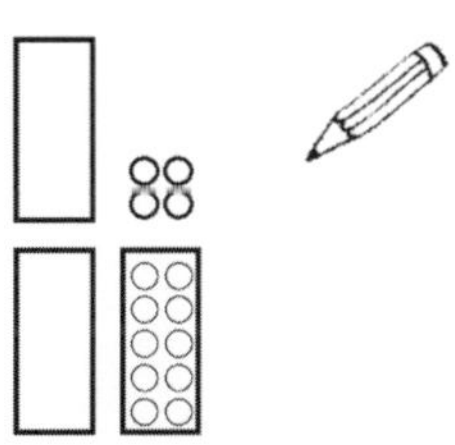

34 - 6 =
34 - ☐ = ☐☐
☐☐ - ☐ = ☐☐

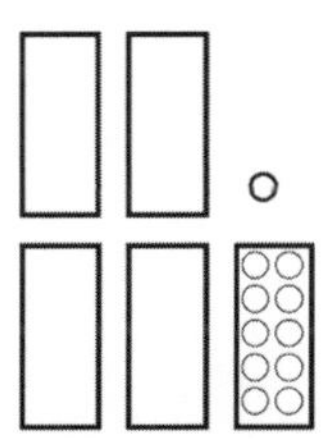

51 - 2 =
51 - ☐ = ☐☐
☐☐ - ☐ = ☐☐

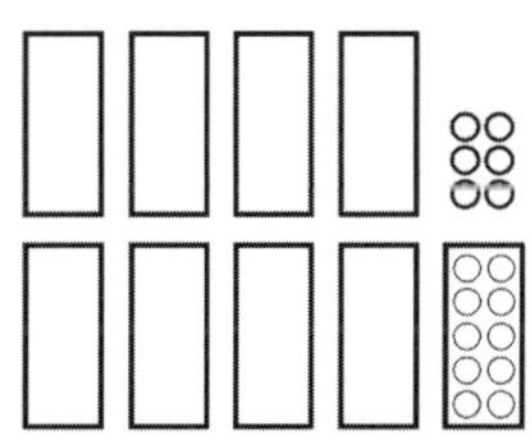

96 - 8 =
96 - ☐ = ☐☐
☐☐ - ☐ = ☐☐

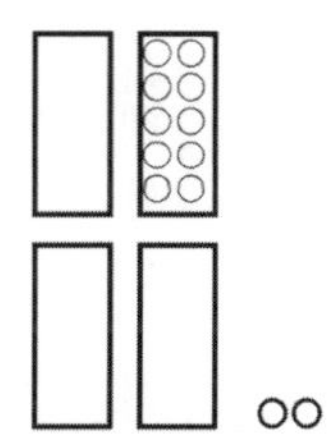

42 - 3 =
42 - ☐ = ☐☐
☐☐ - ☐ = ☐☐

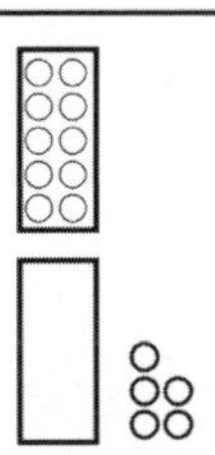

25 - 7 =
25 - ☐ = ☐☐
☐☐ - ☐ = ☐☐

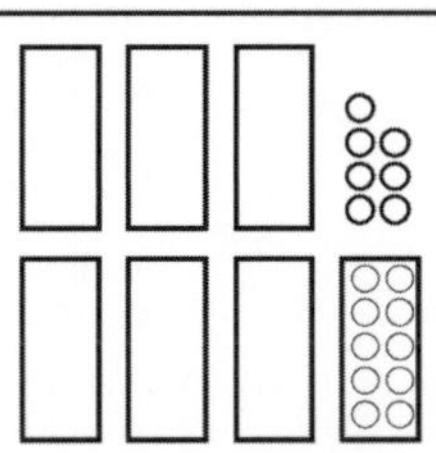

77 - 9 =
77 - ☐ = ☐☐
☐☐ - ☐ = ☐☐

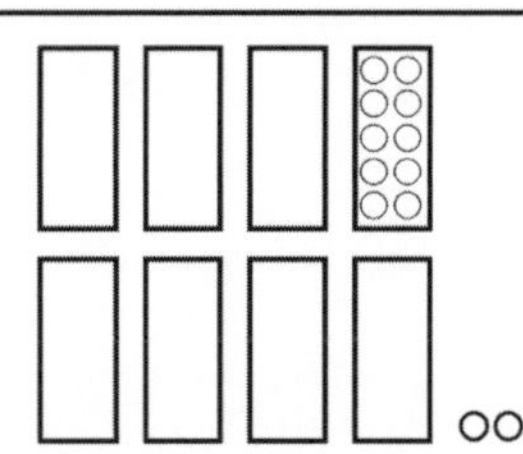

82 - 6 =
82 - ☐ = ☐☐
☐☐ - ☐ = ☐☐

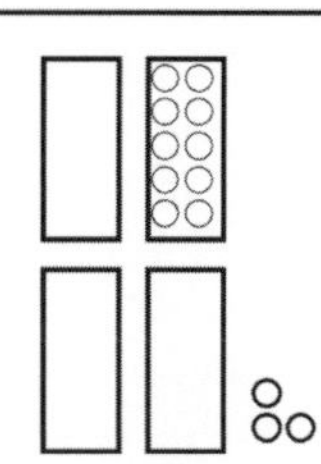

43 - 6 =
43 - ☐ = ☐☐
☐☐ - ☐ = ☐☐

100

Zehnerübergang
ZE - E

Streiche weg und rechne!

25 - 8 =
25 - ☐ = ☐☐
☐☐ - ☐ = ☐☐

22 - 6 =
22 - ☐ = ☐☐
☐☐ - ☐ = ☐☐

55 - 6 =
55 - ☐ = ☐☐
☐☐ - ☐ = ☐☐

53 - 4 =
53 - ☐ = ☐☐
☐☐ - ☐ = ☐☐

46 - 9 =
46 - ☐ = ☐☐
☐☐ - ☐ = ☐☐

96 - 7 =
96 - ☐ = ☐☐
☐☐ - ☐ = ☐☐

67 - 9 =
67 - ☐ = ☐☐
☐☐ - ☐ = ☐☐

Male die Rechnung!

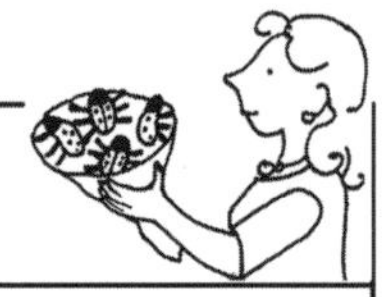

43 - 5 =
43 - ☐ = ☐☐
☐☐ - ☐ = ☐☐

43 - 8 =
43 - ☐ = ☐☐
☐☐ - ☐ = ☐☐

34 - 8 =
34 - ☐ = ☐☐
☐☐ - ☐ = ☐☐

24 - 6 =
24 - ☐ = ☐☐
☐☐ - ☐ = ☐☐

47 - 9 =
47 - ☐ = ☐☐
☐☐ - ☐ = ☐☐

63 - 8 =
63 - ☐ = ☐☐
☐☐ - ☐ = ☐☐

58 - 9 =
58 - ☐ = ☐☐
☐☐ - ☐ = ☐☐

87 - 9 =
87 - ☐ = ☐☐
☐☐ - ☐ = ☐☐

Die letzte Schachtel musst du öffnen!

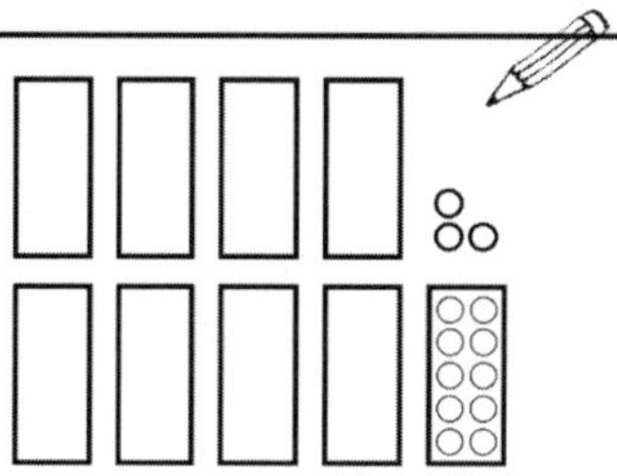

93 - 5 =	63 - 4 =	44 - 8 =	
93 - □ = □□	63 - □ = □□	44 - □ = □□	
□□ - □ = □□	□□ - □ = □□	□□ - □ = □□	
21 - 3 =	41 - 2 =	72 - 4 =	54 - 6 =
21 - □ = □□	41 - □ = □□	72 - □ = □□	54 - □ = □□
□□ - □ = □□	□□ - □ = □□	□□ - □ = □□	□□ - □ = □□
42 - 5 =	61 - 3 =	83 - 6 =	91 - 2 =
42 - □ = □□	61 - □ = □□	83 - □ = □□	91 - □ = □□
□□ - □ = □□	□□ - □ = □□	□□ - □ = □□	□□ - □ = □□

Rechne in zwei Schritten!

23 - 7 =	65 - 9 =	54 - 8 =	35 - 7 =
23 - □ = □□	65 - □ = □□	54 - □ = □□	35 - □ = □□
□□ - □ = □□	□□ - □ = □□	□□ - □ = □□	□□ - □ = □□
73 - 6 =	46 - 7 =	64 - 6 =	57 - 8 =
73 - □ = □□	46 - □ = □□	64 - □ = □□	57 - □ = □□
□□ - □ = □□	□□ - □ = □□	□□ - □ = □□	□□ - □ = □□
31 - 9 =	53 - 8 =	74 - 5 =	62 - 3 =
31 - □ = □□	53 - □ = □□	74 - □ = □□	62 - □ = □□
□□ - □ = □□	□□ - □ = □□	□□ - □ = □□	□□ - □ = □□
74 - 8 =	62 - 6 =	31 - 4 =	23 - 5 =
74 - □ = □□	62 - □ = □□	31 - □ = □□	23 - □ = □□
□□ - □ = □□	□□ - □ = □□	□□ - □ = □□	□□ - □ = □□

Jetzt ohne Zwischenschritt!

100

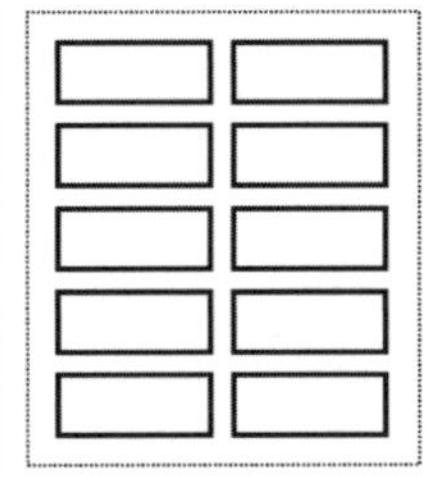

Zehnerübergang
ZE - E

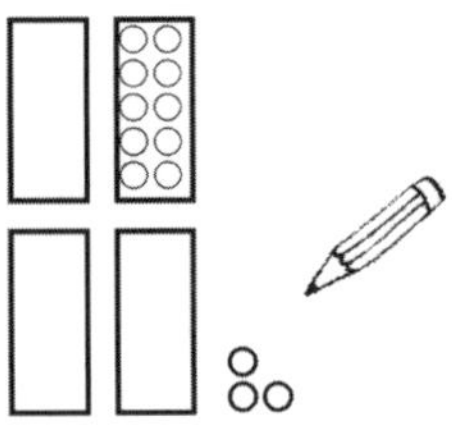

43 - 4 = ☐

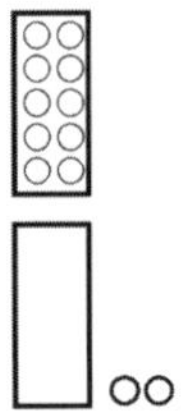

22 - 5 = ☐

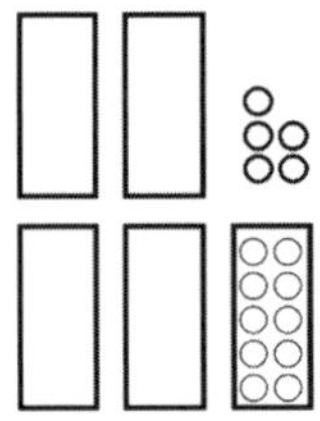

55 - 7 = ☐

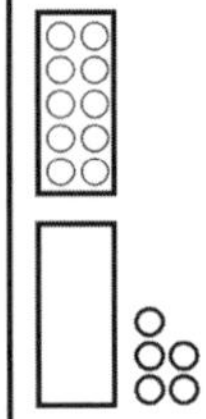

25 - 6 = ☐

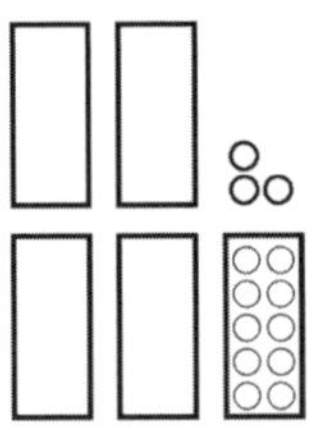

53 - 5 = ☐

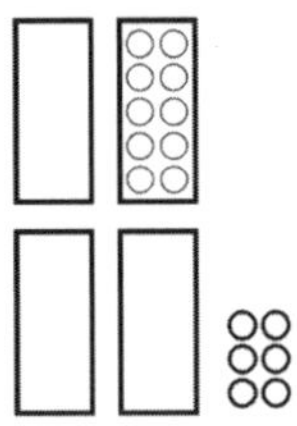

46 - 8 = ☐

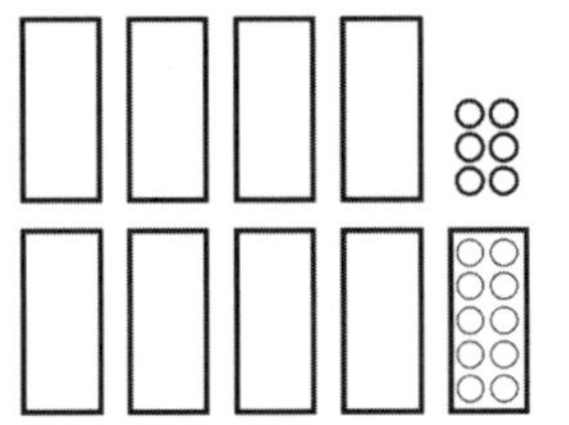

96 - 9 = ☐

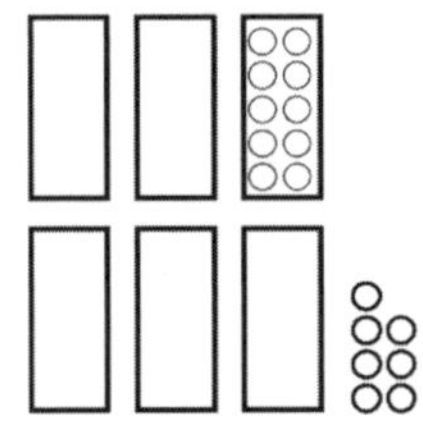

67 - 8 = ☐

Wie heißt die Rechnung?

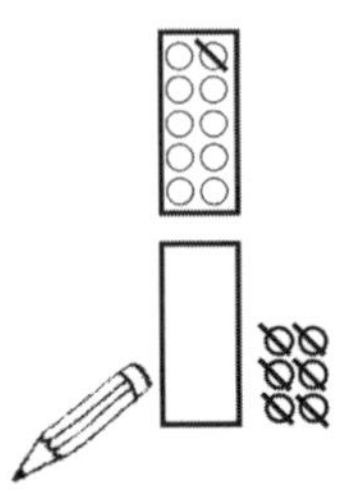

☐ ○ ☐ ○ ☐

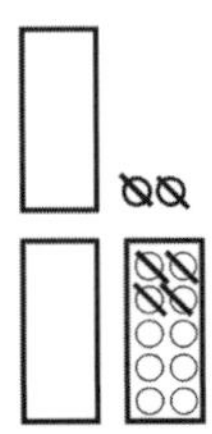

☐ ○ ☐ ○ ☐

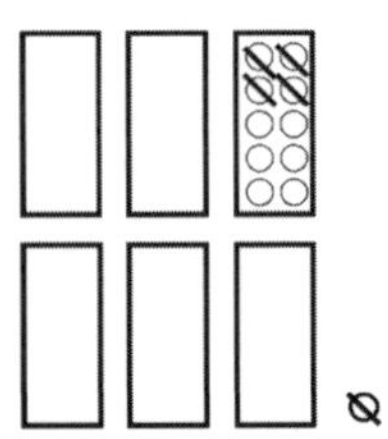

☐ ○ ☐ ○ ☐

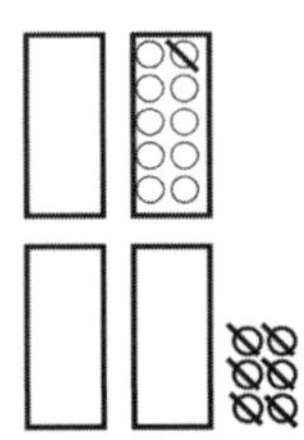

☐ ○ ☐ ○ ☐

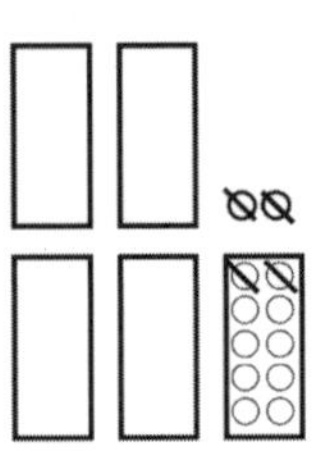

☐ ○ ☐ ○ ☐

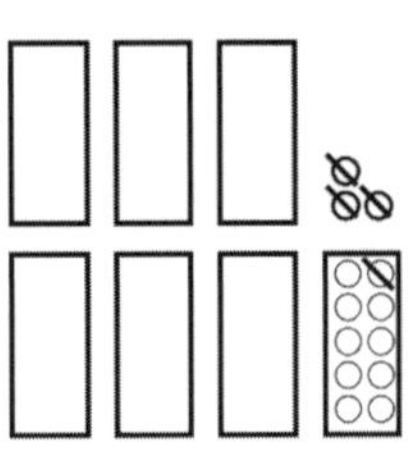

☐ ○ ☐ ○ ☐

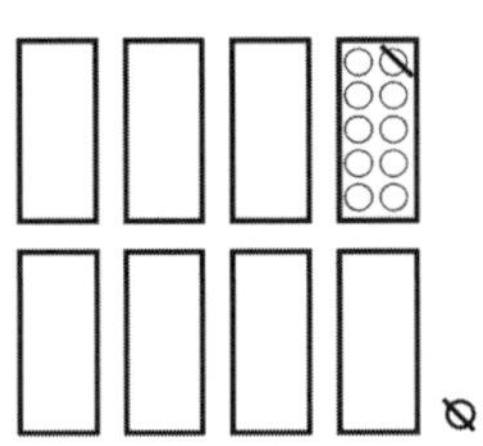

☐ ○ ☐ ○ ☐

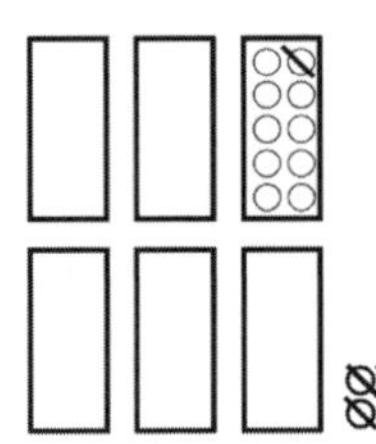

☐ ○ ☐ ○ ☐

Das geht gut!

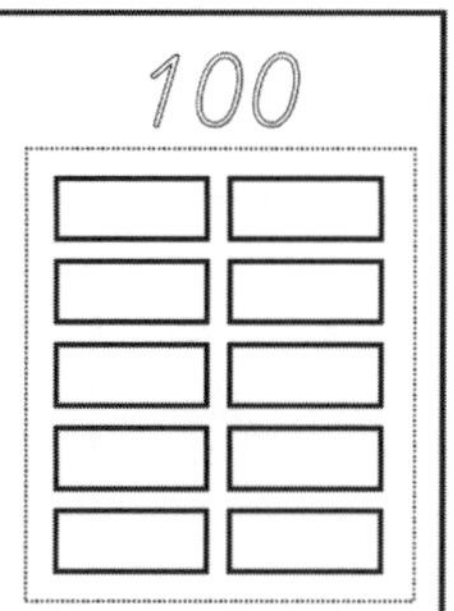

Zehnerübergang
ZE - E

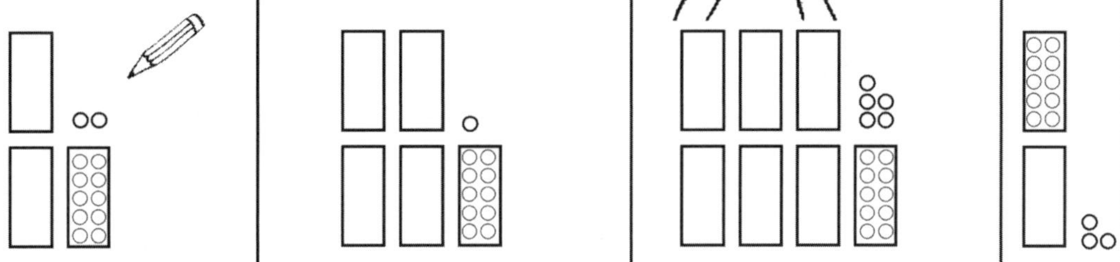

32 - 5 =	51 - 3 =	75 - 8 =	23 - 6 =

61 - 2 =	71 - 3 =	74 - 7 =	72 - 5 =	85 - 6 =
24 - 7 =	62 - 4 =	33 - 6 =	92 - 4 =	56 - 7 =
44 - 5 =	84 - 5 =	21 - 2 =	41 - 3 =	45 - 7 =
31 - 2 =	23 - 9 =	54 - 5 =	74 - 6 =	33 - 4 =
32 - 4 =	31 - 3 =	25 - 6 =	83 - 4 =	83 - 5 =
81 - 3 =	52 - 3 =	72 - 3 =	22 - 9 =	44 - 6 =

Lösung:

28 - 9 =	F	19	D	18
32 - 8 =	A	16	Ü	24
35 - 6 =	S	28	R	29
44 - 7 =	I	36	K	37
62 - 5 =	L	57	T	58
54 - 7 =	A	48	U	47

42 - 7 =	S	36	G	35
75 - 6 =	E	69	S	68
38 - 9 =	K	29	E	28
45 - 8 =	E	36	Ö	37
77 - 8 =	R	68	P	69
63 - 5 =	F	58	L	57

95 - 7 =	C	88	H	89
88 - 9 =	E	78	H	79
72 - 6 =	N	68	E	66
98 - 9 =	N	89	K	88
82 - 5 =	A	67	I	77
84 - 8 =	S	76	N	78

66 - 7 =	T	59	N	58
25 - 9 =	D	16	E	17
56 - 8 =	S	38	A	48
42 - 4 =	H	37	S	38
73 - 5 =	G	68	I	67
83 - 7 =	A	76	E	77

97 - 8 =	M	88	R	89
95 - 9 =	I	87	N	86
54 - 9 =	C	46	I	45
84 - 9 =	C	75	N	76
94 - 7 =	I	86	H	87
56 - 9 =	H	46	T	47

61 - 4 =	S	57	L	58
36 - 8 =	C	28	E	29
24 - 5 =	I	18	H	19
73 - 8 =	C	64	W	65
75 - 7 =	E	68	H	67
33 - 7 =	T	25	R	26

Aufgaben zum Üben!

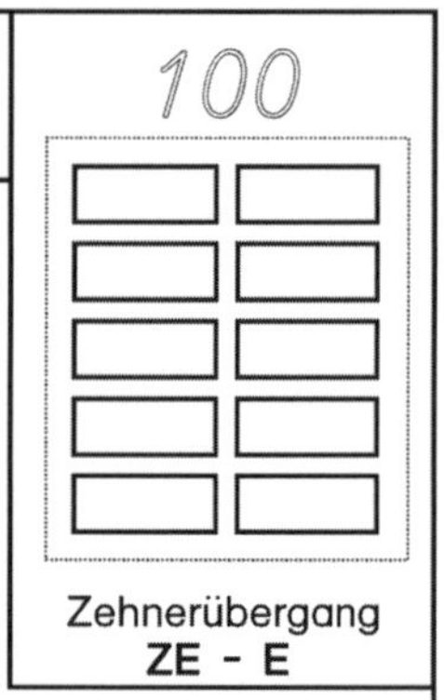

92 - 5 =	91 - 5 =	92 - 6 =	21 - 4 =	
21 - 6 =	45 - 6 =	81 - 6 =	65 - 8 =	
36 - 7 =	81 - 5 =	85 - 9 =	64 - 7 =	
82 - 4 =	91 - 3 =	51 - 5 =	26 - 8 =	
71 - 4 =	94 - 9 =	22 - 4 =	93 - 7 =	41 - 5 =
44 - 7 =	53 - 6 =	27 - 8 =	86 - 9 =	92 - 3 =

31 - 5 =	41 - 4 =	21 - 5 =	22 - 3 =	91 - 6 =
82 - 3 =	82 - 8 =	66 - 9 =	68 - 9 =	71 - 6 =
94 - 8 =	52 - 7 =	93 - 6 =	93 - 4 =	85 - 8 =
33 - 9	33 - 8 =	63 - 7 =	95 - 6 =	95 - 8 =
53 - 7 =	32 - 3 =	65 - 6 =	73 - 7 =	84 - 7 =
61 - 6 =	71 - 2 =	66 - 8 =	51 - 7 =	26 - 9 =

Leckere Aufgaben

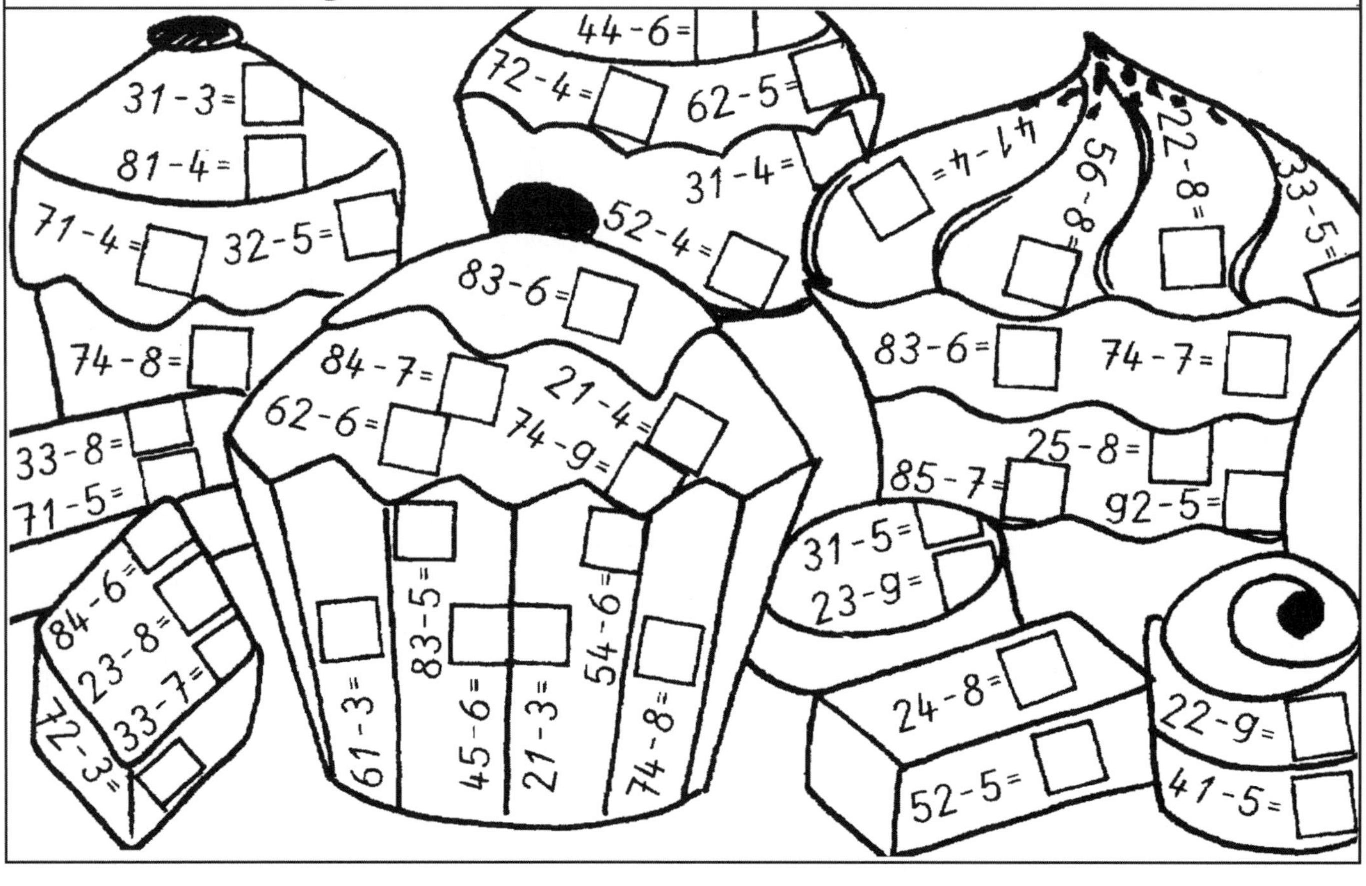

So kannst du - Aufgaben auch aufschreiben:

	Zehner	Einer
	3	
	~~4~~ →	12
−		6
=		

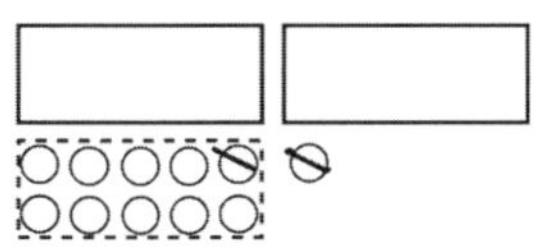

	Zehner	Einer
	2	
	~~3~~ →	11
−		2
=		

Übe weiter und lege mit Plättchen!

	Zehner	Einer
	6	
	~~7~~ →	12
−		6
=		

	Zehner	Einer
	8	
	~~9~~ →	11
−		5
=		

	Zehner	Einer
	4	
	~~5~~ →	14
−		8
=		

	Zehner	Einer
	5	
	~~6~~ →	14
−		7
=		

	Zehner	Einer
	8	1
−		2

	Zehner	Einer
	4	6
−		9

	Zehner	Einer
	9	6
−		8

	Zehner	Einer
	7	13
−		9

+ oder – ?

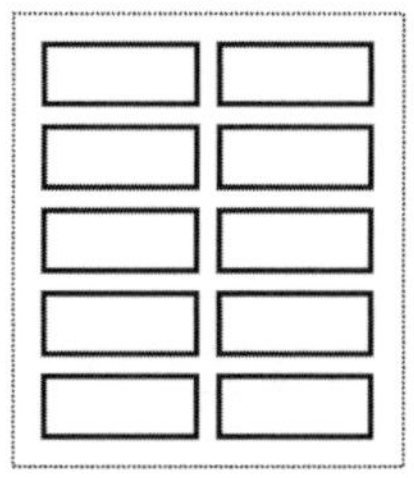

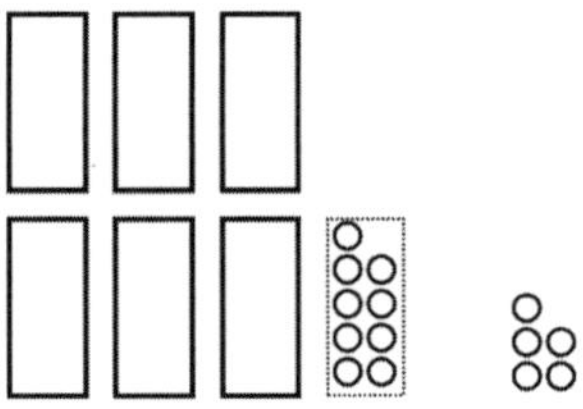

69 + 5 = ☐☐

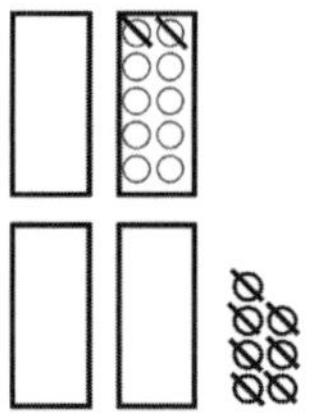

47 – 9 = ☐☐

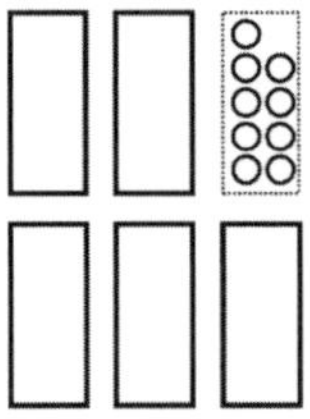

59 + 4 = ☐☐

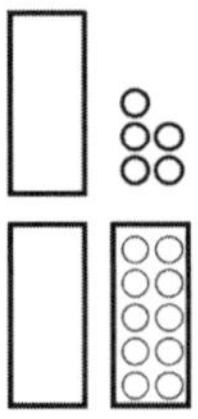

35 – 9 = ☐☐

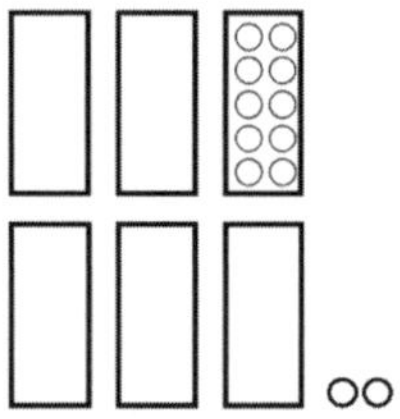

62 – 7 = ☐☐

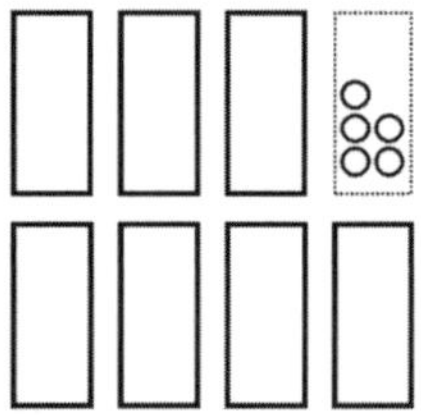

75 + 9 = ☐☐

Male die Rechnung!

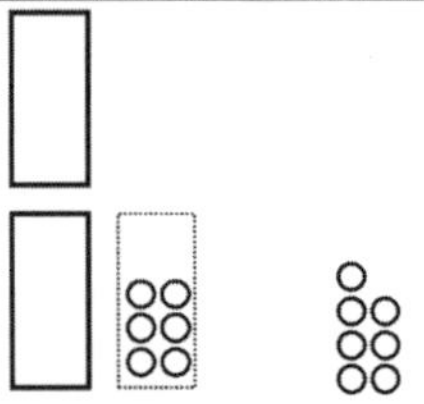

26 + 7 = ☐☐

52 – 6 = ☐☐

64 + 8 = ☐☐

91 – 9 = ☐☐

33 + 9 = ☐☐

85 + 9 = ☐☐

48 – 9 = ☐☐

64 – 8 = ☐☐

49 + 8 = ☐☐

Wie heißt die Rechnung?

100

Zehnerübergang
ZE +/- E

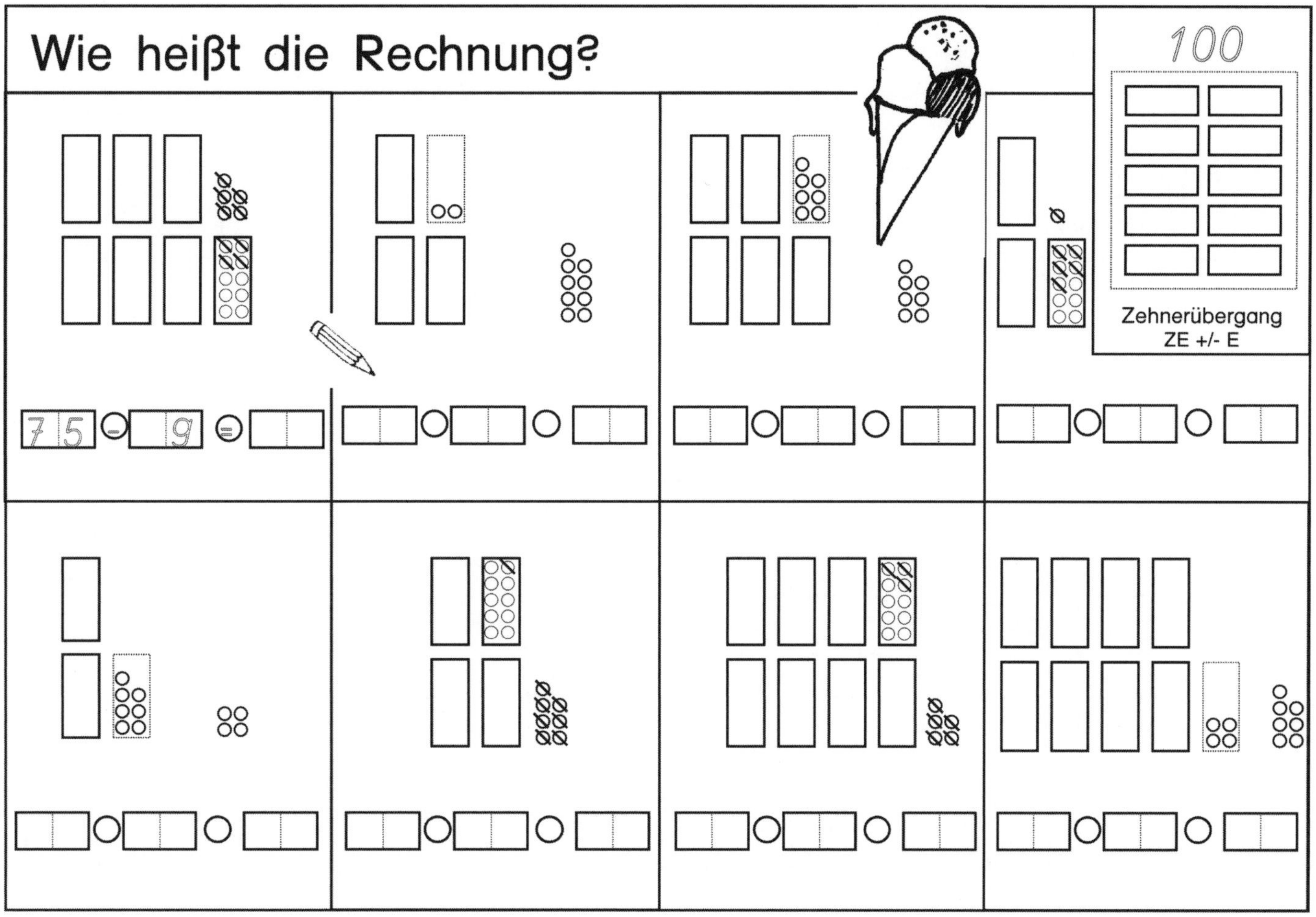

Gemischte + und - Aufgaben

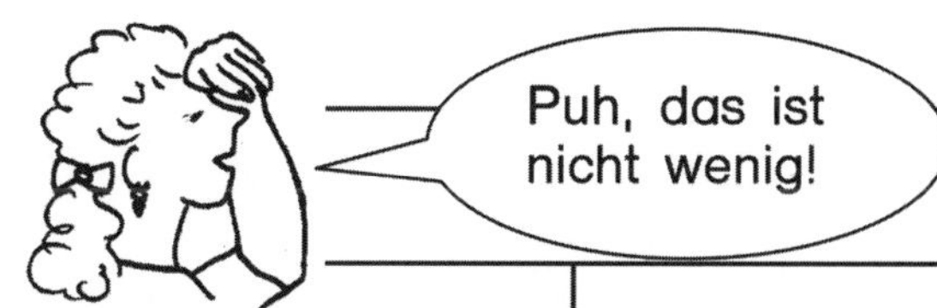

44 - 9 =	84 + 9 =	72 - 7 =	48 + 4 =	52 - 3 =
92 - 7 =	55 + 8 =	34 + 8 =	41 - 4 =	66 + 9 =
23 + 8 =	61 - 2 =	84 - 5 =	34 - 9 =	93 - 6 =
52 + 9 =	41 - 7 =	28 + 7 =	34 + 7 =	81 - 8 =
24 - 8 =	34 - 5 =	77 - 8 =	89 + 6 =	42 + 9 =
76 + 8 =	68 + 6 =	63 - 5 =	22 - 6 =	78 + 8 =
62 - 3 =	36 - 8 =	79 + 7 =	72 + 9 =	29 + 7 =
45 - 9 =	59 + 3 =	27 - 9 =	73 - 4 =	48 + 3 =
83 + 8 =	93 - 9 =	44 + 9 =	52 + 9 =	24 - 9 =
83 - 8 =	37 + 6 =	49 + 6 =	52 - 8 =	42 - 9 =
96 - 7 =	25 + 9 =	32 - 7 =	39 + 9 =	69 + 2 =
88 + 7 =	63 + 8 =	85 - 6 =	61 - 7 =	51 - 2 =

Das kannst du!

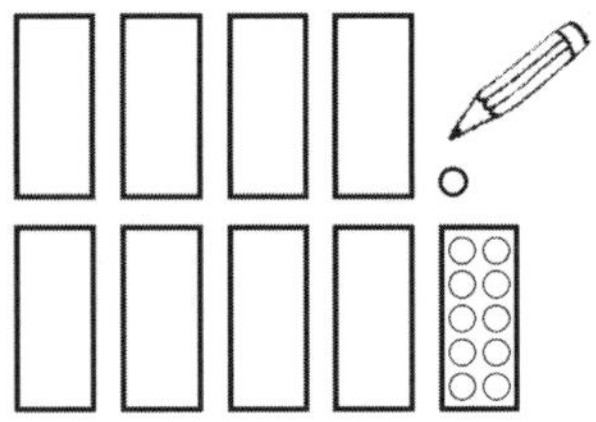

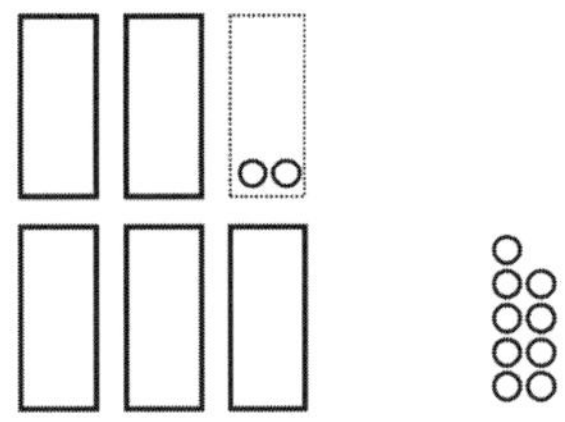

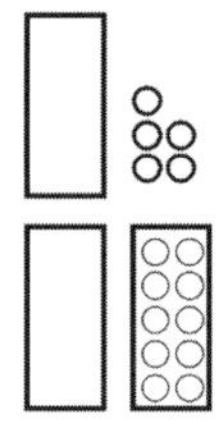

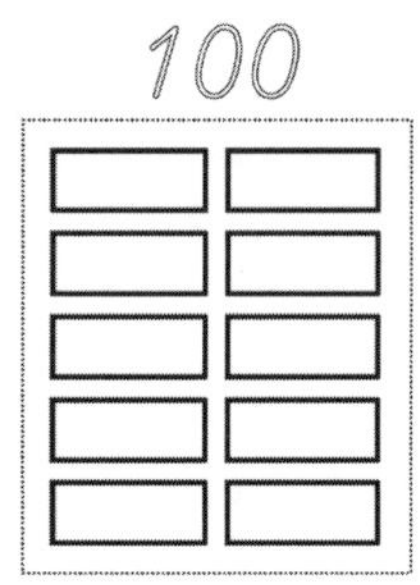

Zehnerübergang
ZE +/- E

91 - 5 = ☐	52 + 9 = ☐	35 - 8 = ☐

82 - 7 = ☐	41 - 4 = ☐	93 - 8 = ☐	82 + 9 = ☐	23 - 8 = ☐
69 + 6 = ☐	82 - 8 = ☐	53 - 9 = ☐	39 + 6 = ☐	63 - 4 = ☐
51 - 6 = ☐	52 - 7 = ☐	56 + 8 = ☐	41 - 6 = ☐	88 + 3 = ☐
26 + 9 = ☐	33 - 8 = ☐	37 + 7 = ☐	73 - 9 = ☐	49 + 2 = ☐
44 - 5 = ☐	32 - 3 = ☐	62 - 8 = ☐	45 + 7 = ☐	87 + 8 = ☐
55 + 9 = ☐	71 - 2 = ☐	21 - 7 = ☐	63 + 8 = ☐	32 - 3 = ☐

Rechne mit dem Zehnertrick!

61 - 9 = ☐

☐ ⊖ ☐ ⊕ ☐

63 + 9 = ☐

☐ ⊕ ☐ ⊖ ☐

74 - 9 = ☐

☐ ⊖ ☐ ⊕ ☐

82 + 9 = ☐

☐ ⊕ ☐ ⊖ ☐

32 - 8 = ☐

☐ ⊖ ☐ ⊕ ☐

23 + 8 = ☐

☐ ⊕ ☐ ⊖ ☐

91 - 8 = ☐

☐ ⊖ ☐ ⊕ ☐

74 + 8 = ☐

☐ ⊕ ☐ ⊖ ☐

Finde Aufgaben!

100

Zehnerübergang
ZE +/- E

9, 22, 13

87, 8, 79

34, 28, 6

66, 59, 7

69, 8, 77

69 + 8 = 77

8 + ☐ = ☐

77 − ☐ = ☐

Findest du das Lösungswort?

63 + 36 = ☐	70 − 8 = ☐	78 − 52 = ☐	30 − 5 = ☐	83 − 6 = ☐
12 − 4 = ☐	68 + 8 = ☐	55 + 6 = ☐	26 + 5 = ☐	66 + 4 = ☐
56 − 7 = ☐	23 − 5 = ☐	71 − 3 = ☐	31 − 9 = ☐	95 − 9 = ☐
98 − 70 = ☐	20 + 4 = ☐	46 + 20 = ☐	55 + 23 = ☐	33 − 20 = ☐
6 + 8 = ☐	62 − 6 = ☐	59 − 8 = ☐	44 − 7 = ☐	23 + 4 = ☐
38 + 8 = ☐	69 + 3 = ☐	75 + 7 = ☐	87 + 4 = ☐	48 + 9 = ☐

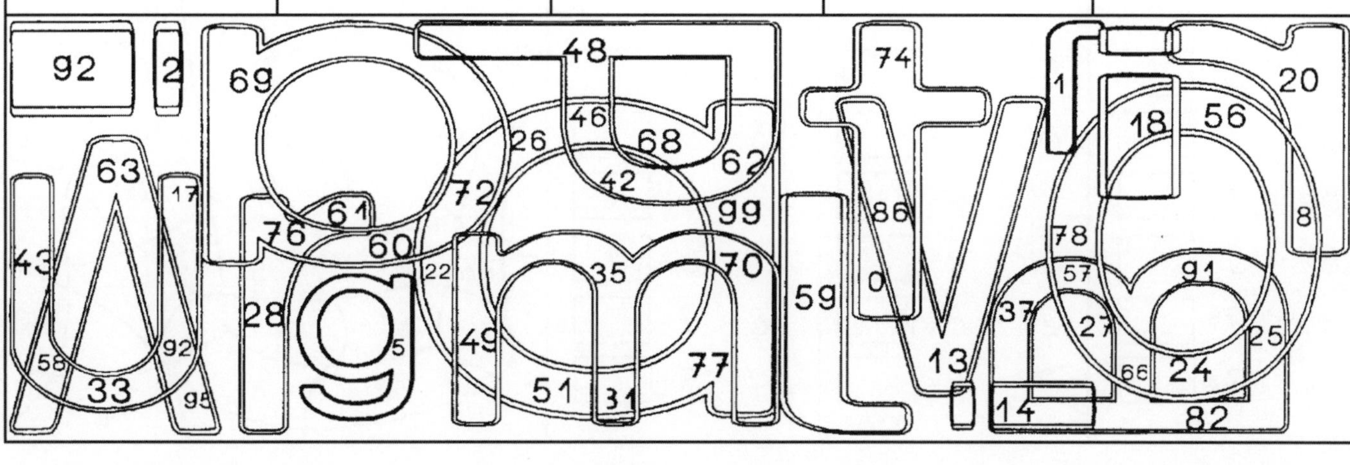

Für Schlaue!

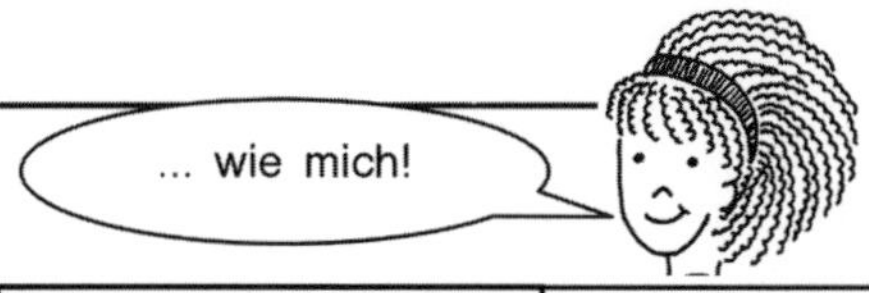

100

ZE +/- E
mit und ohne ZÜ

85 + 6 =	52 - 7 =	33 + 4 =	83 + 2 =	
37 - 4 =	63 + 1 =	53 + 9 =	21 - 2 =	
58 + 9 =	74 - 6 =	28 - 7 =	45 + 4 =	
29 + 4 =	73 + 8 =	37 + 6 =	66 - 3 =	
22 + 5 =	48 + 5 =	35 - 9 =	42 - 7 =	87 - 6 =
94 + 5 =	38 - 7 =	52 + 4 =	24 - 8 =	81 - 6 =

62 + 9 =	63 - 5 =	76 + 9 =	44 + 8 =	78 - 9 =
78 - 6 =	57 - 6 =	22 + 6 =	29 - 7 =	54 + 5 =
31 - 5 =	58 + 7 =	65 + 7 =	61 - 7 =	92 - 5 =
43 - 6 =	23 - 9 =	24 + 8 =	61 + 5 =	48 - 7 =
89 + 9 =	42 + 2 =	49 - 7 =	44 - 8 =	68 + 4 =
72 + 6 =	36 + 5 =	55 - 9 =	86 - 4 =	31 + 7 =

Was ist hier versteckt?

24 + 5 =	25 - 4 =	45 + 6 =
79 + 3 =	77 + 7 =	41 - 9 =
35 - 4 =	87 - 9 =	31 + 6 =
91 - 4 =	59 + 2 =	59 + 9 =
72 + 4 =	84 + 2 =	57 - 8 =
46 + 5 =	67 - 8 =	26 + 8 =

45 - 3 =	94 - 2 =	64 + 7 =
32 - 7 =	66 + 8 =	88 + 9 =
55 - 3 =	79 - 4 =	52 + 6 =
82 - 3 =	37 - 9 =	71 - 6 =
34 + 9 =	21 - 8 =	78 + 7 =
44 + 3 =	91 + 4 =	69 - 5 =

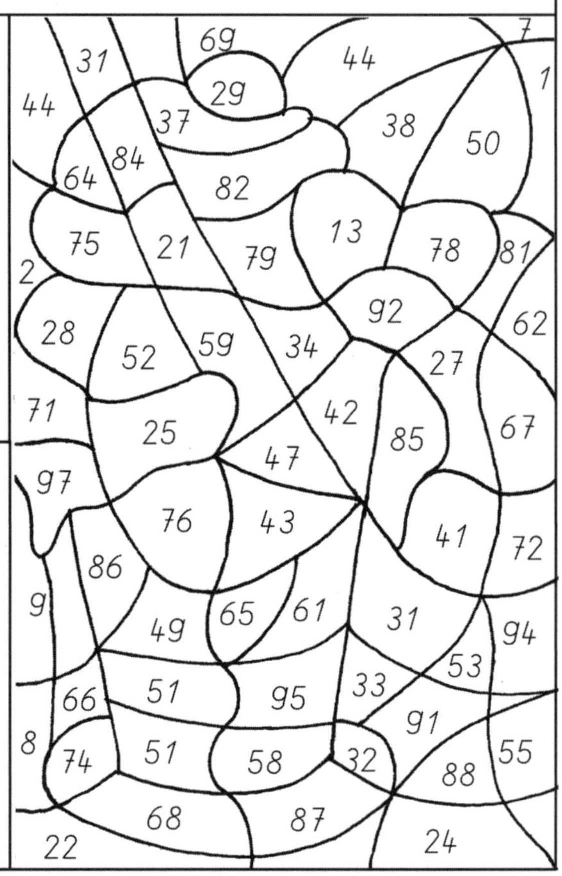

Kettenaufgaben!

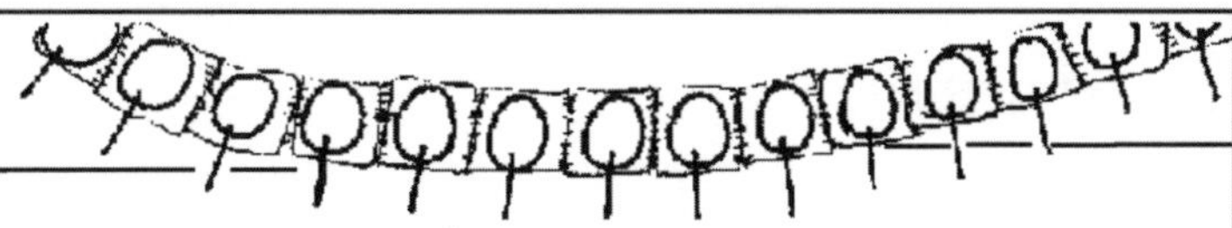

100

Zehnerübergang
ZE +/- E

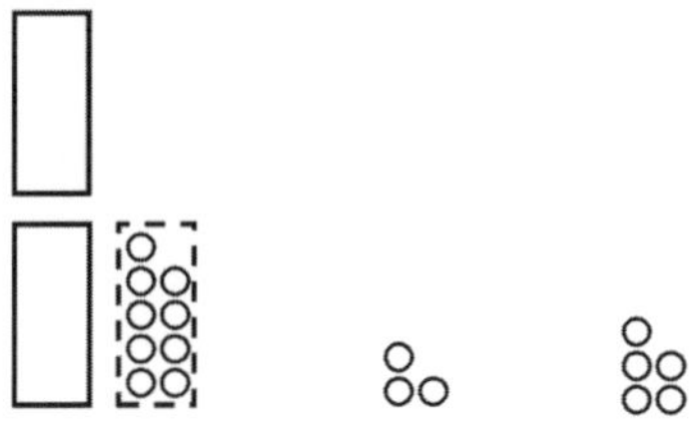

29 + 3 + 5 = ☐☐

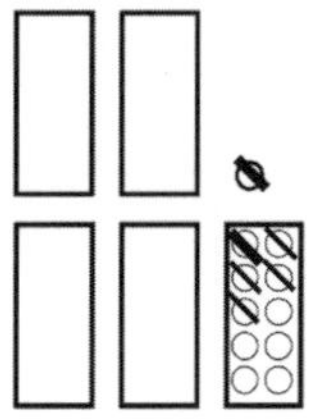

51 - 2 - 4 = ☐☐

19 + 4 + 6 = ☐☐	29 + 2 + 6 = ☐☐	92 - 4 - 5 = ☐☐	53 - 6 - 2 = ☐☐
57 + 5 + 5 = ☐☐	44 + 8 + 2 = ☐☐	76 - 8 - 3 = ☐☐	84 - 7 - 6 = ☐☐
35 + 6 + 3 = ☐☐	67 + 5 + 1 = ☐☐	81 - 7 - 1 = ☐☐	67 - 9 - 2 = ☐☐
48 + 5 + 4 = ☐☐	34 + 9 + 3 = ☐☐	43 - 4 - 5 = ☐☐	78 - 9 - 6 = ☐☐

Fehlersuche:

Streiche falsche Aufgaben aus!
Buchstaben der richtigen Aufgaben trage unten ein!

G: 69 + 8 = 77	Ö: 82 + 9 = 91
E: 59 + 5 = 63	N: 17 - 7 = 5
A: 45 - 8 = 37	S: 78 + 9 = 87
N: 14 + 8 = 22	C: 32 - 5 = 27
Z: 66 - 9 = 57	H: 48 - 9 = 39
C: 28 + 6 = 34	Ä: 88 - 63 = 26
S: 97 - 8 = 89	L: 62 + 9 = 71
C: 45 + 5 = 50	A: 60 - 9 = 51
H: 53 - 7 = 46	U: 21 + 27 = 48

Lösungssatz:

☐☐☐☐ ☐☐☐☐☐

☐☐☐☐☐☐

Gut nachgedacht!

100

Zehnerübergang
ZE +/- E

73 - 7 =	37 - 5 =	82 + 9 =	28 + 3 =	
69 + 8 =	64 - 5 =	34 - 6 =	97 - 3 =	
90 + 3 =	73 - 50 =	71 - 9 =	42 - 3 =	
86 - 8 =	78 + 9 =	84 + 10 =	45 + 5 =	
94 - 42 =	22 - 8 =	21 + 27 =	37 + 8 =	57 + 9 =
65 + 4 =	25 + 60 =	47 + 9 =	60 - 9 =	60 + 6 =

56 - 20 =	40 - 6 =	31 - 8 =	66 - 8 =	45 + 2 =
11 - 8 =	45 - 9 =	97 - 9 =	70 + 6 =	89 - 63 =
71 + 9 =	8 + 6 =	33 + 54 =	78 - 3 =	92 - 9 =
59 + 7 =	89 + 8 =	35 + 6 =	27 - 9 =	79 + 8 =
9 + 6 =	57 + 3 =	53 - 7 =	5 + 7 =	65 - 34 =
39 + 9 =	43 + 8 =	68 + 20 =	83 + 5 =	27 + 5 =

Rechentabelle

	+5	-5	+8	-8	+4	-4	+7	-7
35	40	30						
47								
89								
91								
56								
62								

So kannst du Aufgaben auch aufschreiben:

	Zehner	Einer
	2	8
		3
+	1	
=		1

	Zehner	Einer
	2	
	~~3~~	12
−		4
=		

Einer verändern die Zehner!

	Zehner	Einer
	5	6
+		6
=		

	Zehner	Einer
	5	
	~~6~~	13
−		6
=		

	Zehner	Einer
	3	8
+		7
=		

	Zehner	Einer
	3	
	~~4~~	13
−		9
=		

	Zehner	Einer
	5	9
+		6
=		

	Zehner	Einer
	9	5
−		9

	Zehner	Einer
	2	7
+		6

	Zehner	Einer
	6	8
+		4

	Zehner	Einer
	4	6
−		8

	Zehner	Einer
	7	5
+		8

Sachaufgaben

100

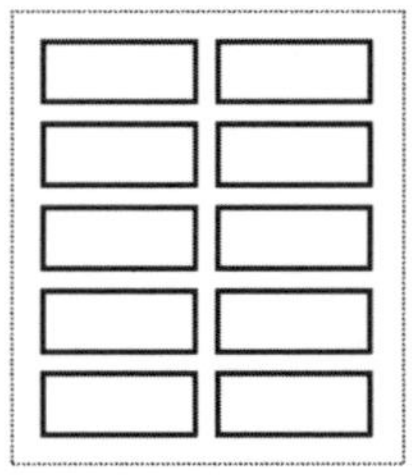

Zehnerübergang
ZE +/- E

Selma hat sich 25 Zuckerkerzen gekauft.
Sie schenkt ihrer Freundin 8 davon.
Wie viele süße Kerzen hat sie noch?

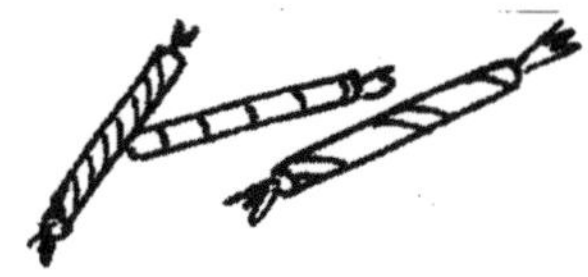

Wir rechnen: ☐○☐○☐

Wir antworten:

Barbara hat zu ihrem Geburtstag 40 Euro geschenkt bekommen. Sie kauft sich für 4 Euro Dinosaurier aus Fruchtgummi.
Wie viel Geld hat sie noch?

Wir rechnen: ☐○☐○☐

Wir antworten:

Anna kauft sich 2 Schaufeln voll weiße Gummimäuse. Sie zählt sie. Es sind 27 Stück. Die Verkäuferin steckt nach dem Wiegen noch 4 dazu.
Wie viele Mäuse hat sie jetzt?

Wir rechnen: ☐○☐○☐

Wir antworten:

Im Regal stehen 66 blaue Lollis. Die Verkäuferin hat noch einen Rest rote Lollis. Sie stellt die 7 roten Lollis zu den blauen.
Wie viele Lollis stehen im Regal?

Wir rechnen: ☐○☐○☐

Wir antworten:

Die Verkäuferin öffnet einen neuen Karton mit Zuckerfiguren. Er enthält 75 Stück. Leider sind bei 7 Figuren Teile abgebrochen.
Wie viele ganze Figuren sind im Karton?

Wir rechnen: ☐○☐○☐

Wir antworten:

Mutter kauft für Rolands Kindergeburtstag 18 schwarze Schokoküsse und 9 weiße Schokoküsse.
Wie viele Schokoküsse gibt es am Geburtstag?

Wir rechnen: ☐○☐○☐

Wir antworten:

Sachaufgaben

100

Zehnerübergang
ZE +/-E

Selim hat 31 Cola-Lutscher zu Hause. Für den Ausflug nimmt er sich 5 Lutscher mit.
Wie viele Lutscher hat er noch daheim?

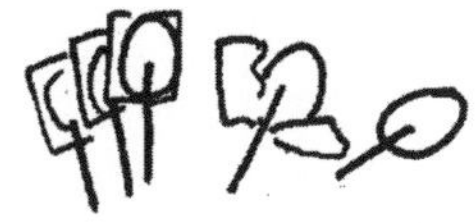

Wir rechnen:

Wir antworten:

Dilek kauft sich ein Glas mit 36 bunten Kugeln Kaugummi.
In der Hosentasche findet sie noch 7 Kugeln.
Wie viele Kugeln Kaugummi hat Dilek insgesamt?

Wir rechnen

Wir antworten:

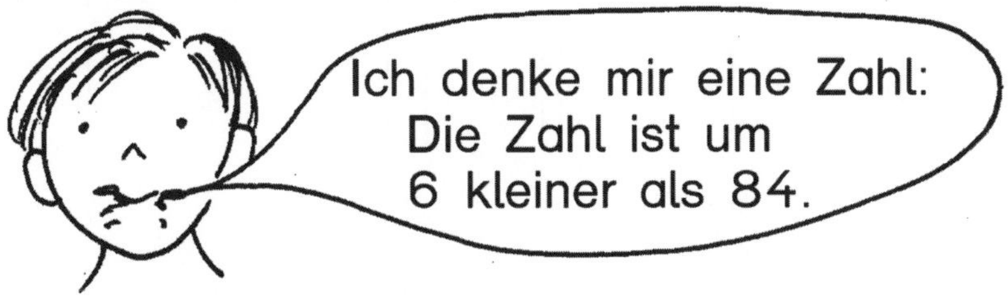

Wir antworten:

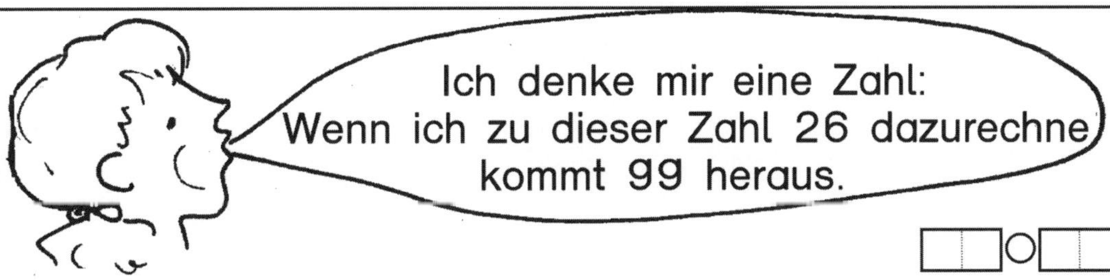

Wir antworten:

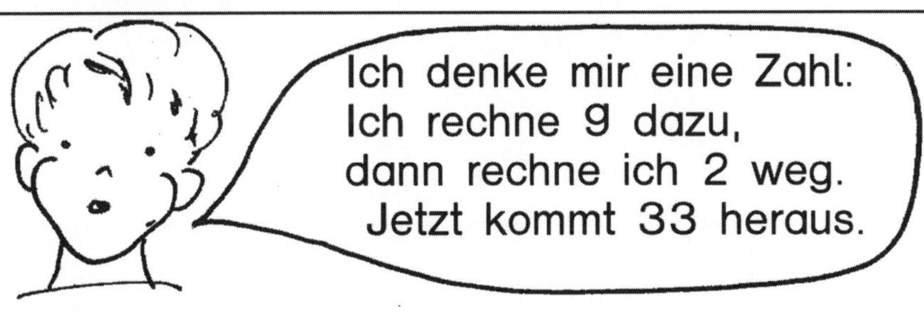

Wir antworten:

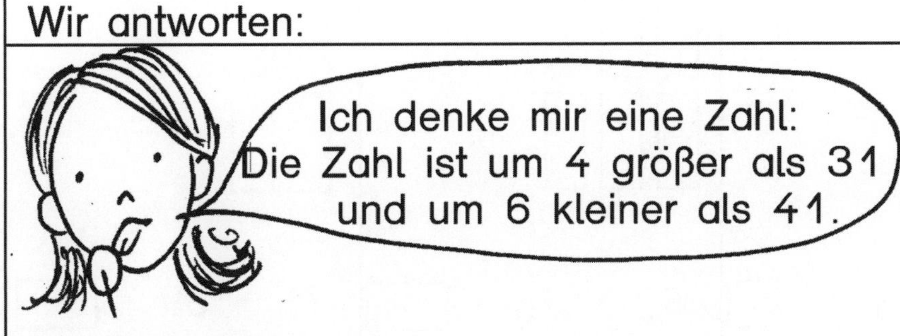

Wir antworten:

Süßwaren: Wie viele Zehner werden es?

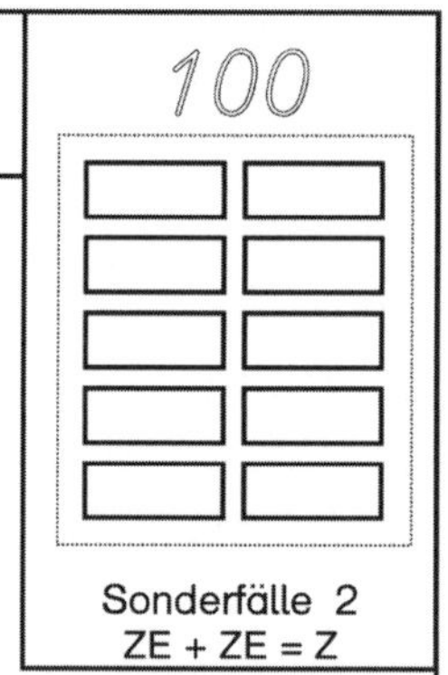

26 + 14 =	44 + 36 =	75 + 15 =	
62 + 28 =	37 + 43 =	18 + 52 =	45 + 35 =

Male und überlege das Ergebnis gut!

66 + 24 =	13 + 27 =	34 + 56 =	57 + 13 =
73 + 17 =	62 + 18 =	52 + 28 =	31 + 59 =

Wird der letzte Zehner voll?

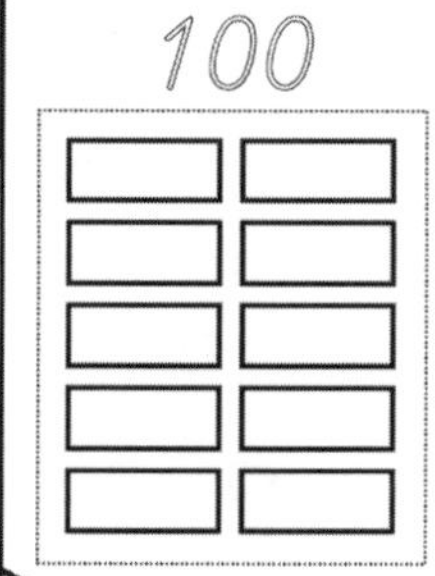

Sonderfälle 2
ZE + ZE = Z

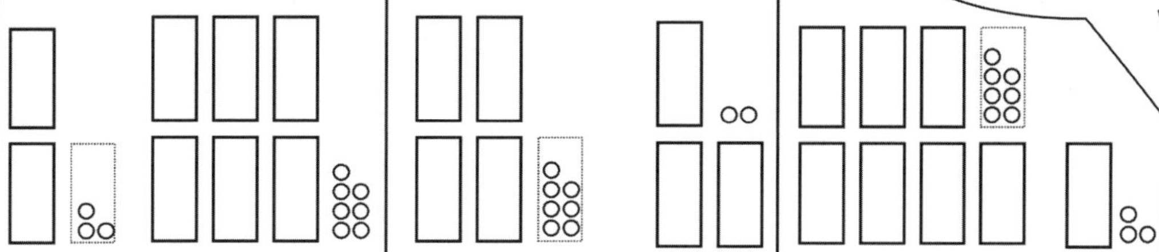

23 + 67 = ☐	47 + 32 = ☐	77 + 13 = ☐

67 + 23 = ☐	51 + 38 = ☐	25 + 25 = ☐	62 + 36 = ☐	54 + 44 = ☐
71 + 19 = ☐	75 + 15 = ☐	42 + 28 = ☐	55 + 15 = ☐	72 + 18 = ☐
35 + 53 = ☐	91 + 8 = ☐	33 + 48 = ☐	27 + 63 = ☐	23 + 23 = ☐
41 + 39 = ☐	21 + 49 = ☐	16 + 72 = ☐	11 + 59 = ☐	36 + 34 = ☐
53 + 27 = ☐	12 + 82 = ☐	56 + 24 = ☐	74 + 15 = ☐	45 + 15 = ☐
84 + 13 = ☐	63 + 17 = ☐	32 + 18 = ☐	24 + 36 = ☐	88 + 11 = ☐

Achtung – fertig – rechnen!

28 + 32 = ☐	69 + 21 = ☐	42 + 21 = ☐	37 + 53 = ☐	65 + 15 = ☐
32 + 38 = ☐	13 + 47 = ☐	78 + 12 ☐	27 + 13 = ☐	48 + 42 = ☐
35 + 12 = ☐	85 + 13 = ☐	38 + 22 = ☐	87 + 11 = ☐	30 + 69 = ☐
75 + 22 = ☐	18 + 32 = ☐	45 + 45 = ☐	74 + 16 = ☐	41 + 29 = ☐
62 + 18 = ☐	22 + 18 = ☐	26 + 24 = ☐	55 + 43 = ☐	46 + 34 = ☐
54 + 16 = ☐	11 + 81 = ☐	63 + 32 = ☐	14 + 66 = ☐	79 + 11 = ☐

Verdoppeln

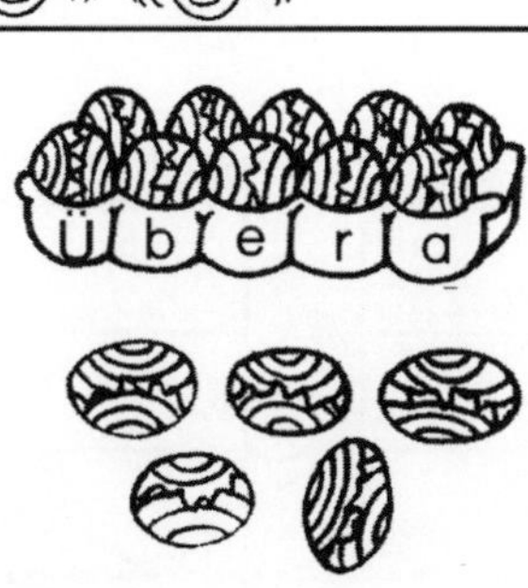

15 ⊕ 15 ⊜ ☐

8 ⊕ ☐ ⊜ ☐	50 ⊕ ☐ ⊜ ☐
25 ○ ☐ ○ ☐	42 ○ ☐ ○ ☐
33 ○ ☐ ○ ☐	40 ○ ☐ ○ ☐
14 ○ ☐ ○ ☐	31 ○ ☐ ○ ☐
45 ○ ☐ ○ ☐	7 ○ ☐ ○ ☐
22 ○ ☐ ○ ☐	35 ○ ☐ ○ ☐

So kannst du + Aufgaben auch aufschreiben:

100
Sonderfälle
ZE
+ZE
=Z

	Zehner	Einer
	4	9
	1	1
+	1	
=		

	Zehner	Einer
	2	8
	1	2
+		
=		

Ein Zehner wird voll! Einer verändern die Zehner.

	Zehner	Einer
	3	8
+	1	2
=		

	Zehner	Einer
	3	6
+	2	4
=		

	Zehner	Einer
	7	9
+	1	1
=		

	Zehner	Einer
	2	5
+	4	5
=		

	Zehner	Einer
	5	7
+	1	3
=		

	Zehner	Einer
	6	9
+	2	1

	Zehner	Einer
	1	3
+	7	7

	Zehner	Einer
	5	2
+	2	8

	Zehner	Einer
	3	6
+	4	4

	Zehner	Einer
	7	5
+	1	5

Ein Zehner wird aufgemacht!

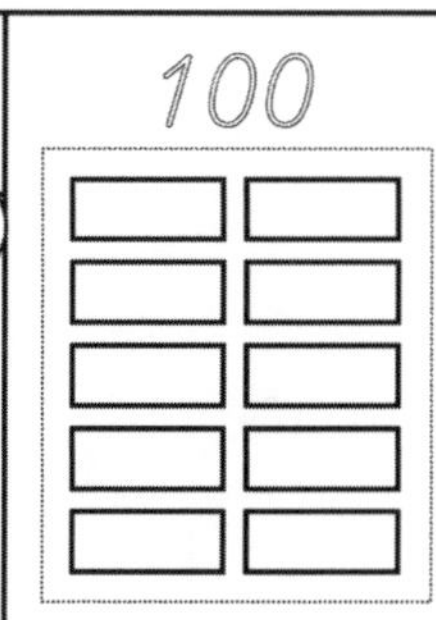

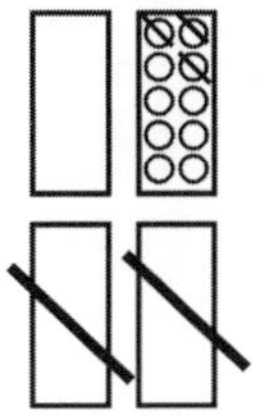

40 - 23 =

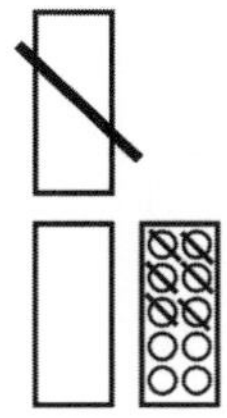

30 - 16 =

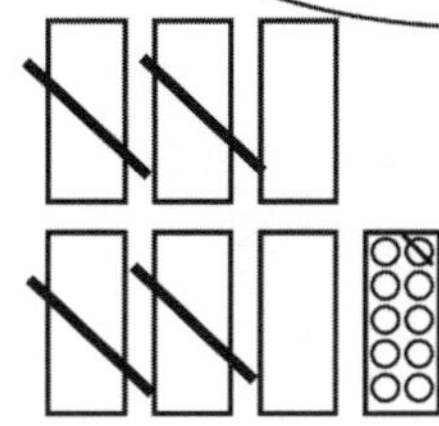

70 - 41 =

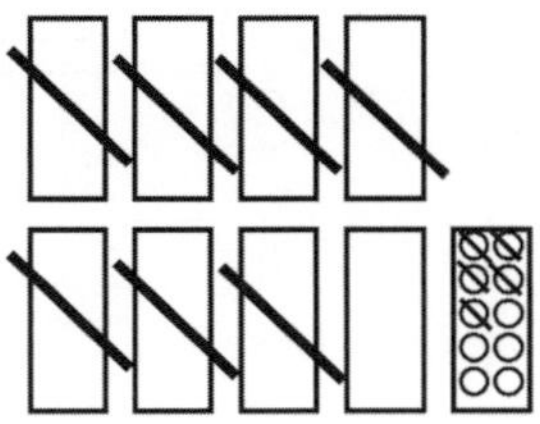

90 - 75 =

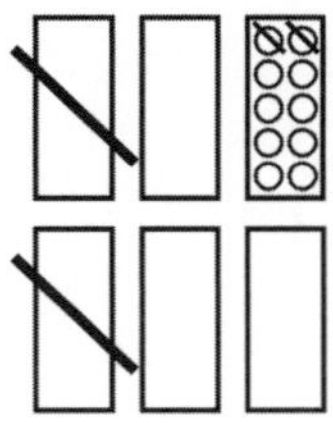

60 - 22 =

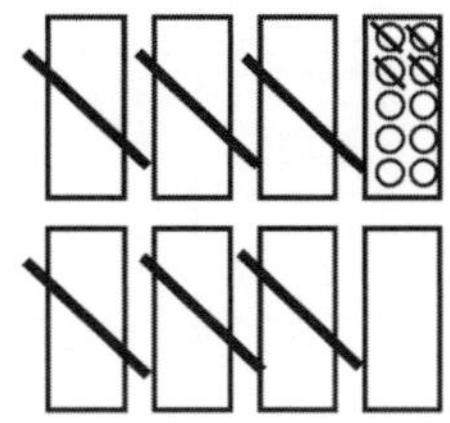

80 - 64 =

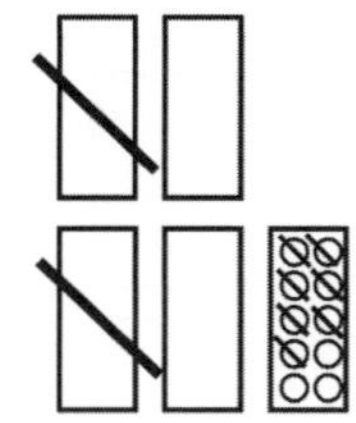

50 - 27 =

Mache zuerst einen Zehner auf!

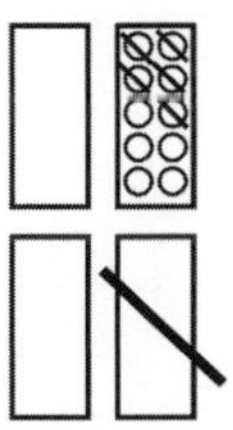

40 - 15 =

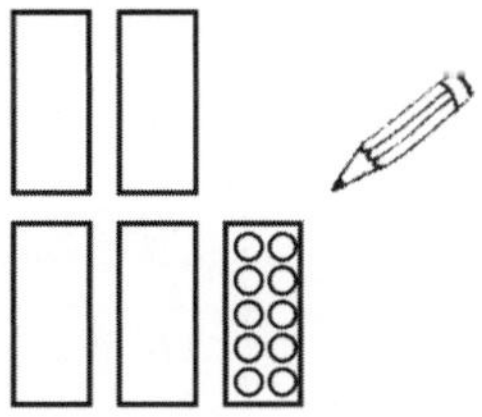

50 - 28 =

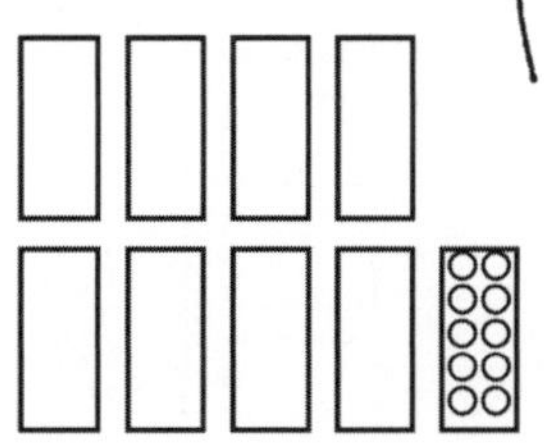

90 - 66 =

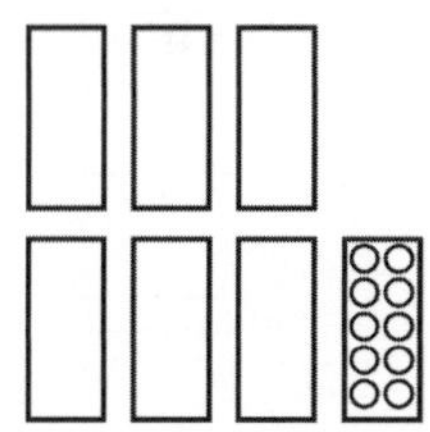

70 - 52 =

50 - 32 =

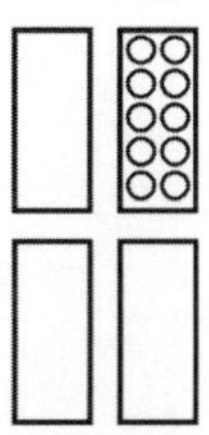

40 - 11 =

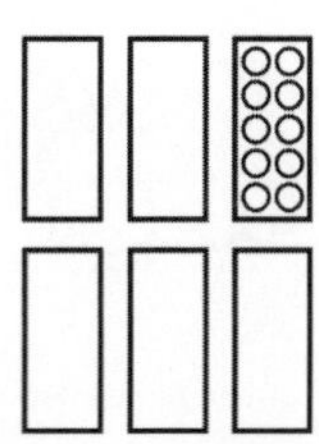

60 - 43 =

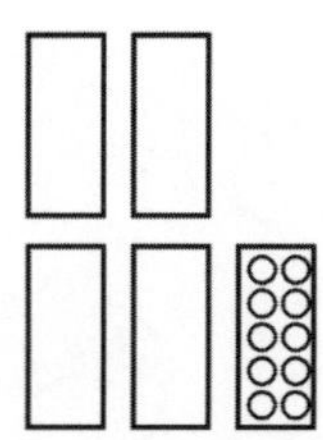

50 - 19 =

Wird ein Zehner aufgemacht?

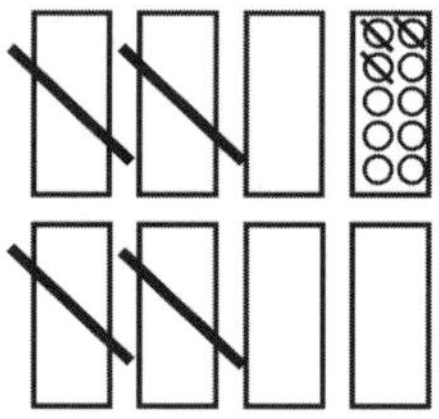
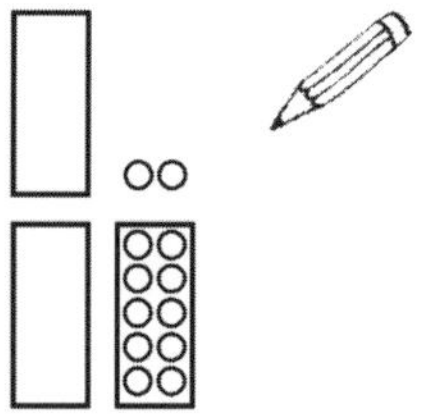
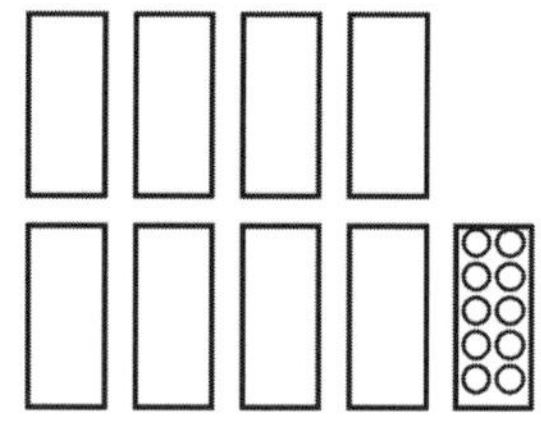

100

Sonderfälle 2
Z - / ZE

80 - 43 = ☐	32 - 11 = ☐	90 - 37 = ☐

40 - 24 = ☐	78 - 48 = ☐	44 - 31 = ☐	40 - 14 = ☐	50 - 37 = ☐
37 - 13 = ☐	90 - 43 = ☐	98 - 78 = ☐	30 - 17 = ☐	90 - 58 = ☐
30 - 12 = ☐	80 - 2 = ☐	50 - 13 = ☐	35 - 31 = ☐	79 - 57 = ☐
60 - 42 = ☐	60 - 28 = ☐	70 - 22 = ☐	75 - 45 = ☐	70 - 37 = ☐
80 - 36 = ☐	90 - 60 = ☐	50 - 5 = ☐	60 - 44 = ☐	40 - 5 = ☐
50 - 35 = ☐	40 - 19 = ☐	100 - 41 = ☐	70 - 51 = ☐	80 - 34 = ☐

Auf die Plätze ....!

90 - 54 = ☐	92 - 51 = ☐	40 - 26 = ☐	70 - 38 = ☐	50 - 24 = ☐
50 - 40 = ☐	30 - 3 = ☐	80 - 5 = ☐	70 - 44 = ☐	29 - 18 = ☐
60 - 23 = ☐	30 - 19 = ☐	60 - 47 = ☐	90 - 28 = ☐	80 - 54 = ☐
58 - 35 = ☐	60 - 42 = ☐	60 - 27 = ☐	40 - 7 = ☐	70 - 32 = ☐
90 - 41 = ☐	70 - 34 = ☐	86 - 41 = ☐	89 - 57 = ☐	80 - 23 = ☐
100 - 76 = ☐	60 - 20 = ☐	100 - 64 = ☐	80 - 31 = ☐	60 - 7 = ☐

Halbieren

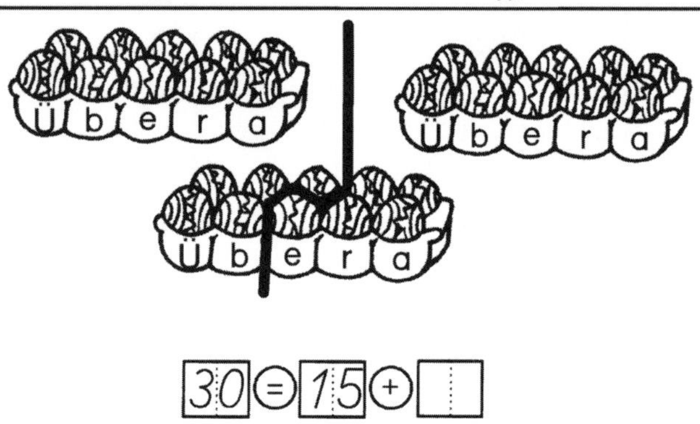

30 = 15 + ☐

80 = 40 + ☐	50 = ☐ + ☐
28 = ☐ + ☐	44 ○ ☐ ○ ☐
30 ○ ☐ ○ ☐	70 ○ ☐ ○ ☐
14 ○ ☐ ○ ☐	88 ○ ☐ ○ ☐
40 ○ ☐ ○ ☐	90 ○ ☐ ○ ☐
100 ○ ☐ ○ ☐	64 ○ ☐ ○ ☐

So kannst du - Aufgaben auch aufschreiben:

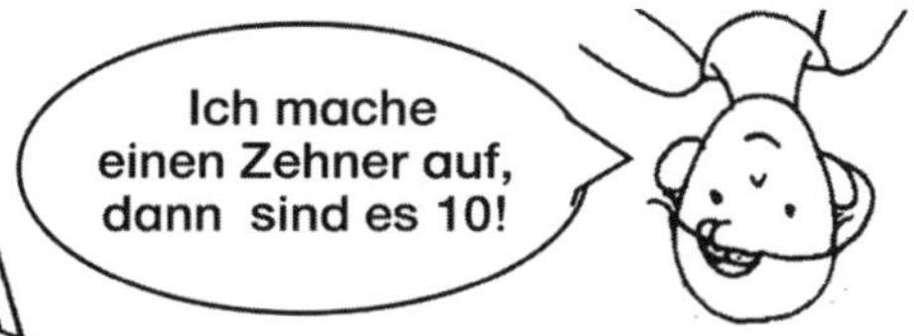

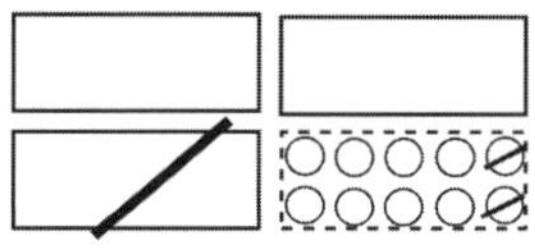

	Zehner	Einer
	3	
	~~4~~	10
−	1	2
=		

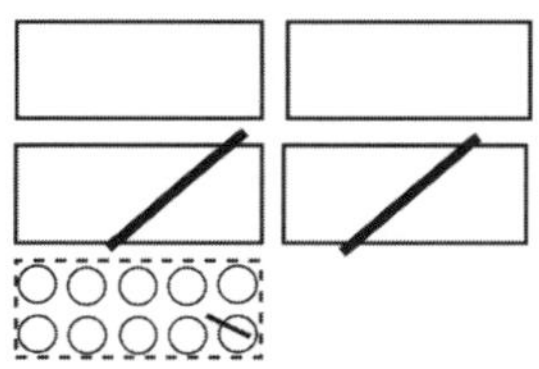

	Zehner	Einer
	2	
	~~5~~	10
−	2	1
=		

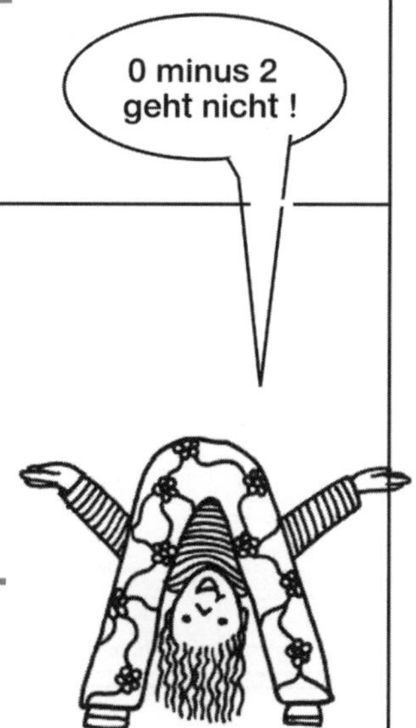

Übe weiter und lege mit Plättchen!

	Zehner	Einer
	6	
	~~7~~	10
−	1	4
=		

	Zehner	Einer
	8	
	~~9~~	10
−	3	2
=		

	Zehner	Einer
	4	
	~~5~~	10
−	4	8
=		

	Zehner	Einer
	5	
	~~6~~	10
−	4	7
=		

	Zehner	Einer
	8	0
−	3	2

	Zehner	Einer
	4	0
−	3	9

	Zehner	Einer
	9	0
−	4	8

	Zehner	Einer
	7	0
−	2	9

Für Spürnasen: Rechne zuerst! Finde dann eine passende Aufgabe!

100

☐ ☐
☐ ☐
☐ ☐
☐ ☐
☐ ☐

+/-
gemischte Aufgaben

35 + 35 = ☐
9 + 9 = ☐
15 + 15 = ☐
☐ ○ ☐ ○ ☐

49 + 11 = ☐
71 + 29 = ☐
27 + 13 = ☐
☐ ○ ☐ ○ ☐

100 - 14 = ☐
90 - 14 = ☐
80 - 14 = ☐
☐ ○ ☐ ○ ☐

98 + 2 = ☐
80 + 20 = ☐
31 + 69 = ☐
☐ ○ ☐ ○ ☐

49 - 39 = ☐
74 - 64 = ☐
96 - 86 = ☐
☐ ○ ☐ ○ ☐

Was ist hier versteckt?

28 + 22 = ☐	61 + 12 = ☐	42 - 0 = ☐	47 + 3 = ☐	43 + 41 = ☐
34 + 8 = ☐	90 - 6 = ☐	68 + 5 = ☐	60 - 9 = ☐	82 - 40 = ☐
35 + 1 = ☐	82 + 2 = ☐	82 - 40 = ☐	16 + 20 = ☐	30 + 6 = ☐
50 - 14 = ☐	40 + 2 = ☐	45 + 25 = ☐	15 - 7 = ☐	7 + 7 = ☐
62 + 8 = ☐	42 - 6 = ☐	6 + 8 = ☐	43 + 30 = ☐	40 - 4 = ☐
94 - 10 = ☐	91 - 41 = ☐	16 - 9 = ☐	8 + 8 = ☐	100 - 16 = ☐

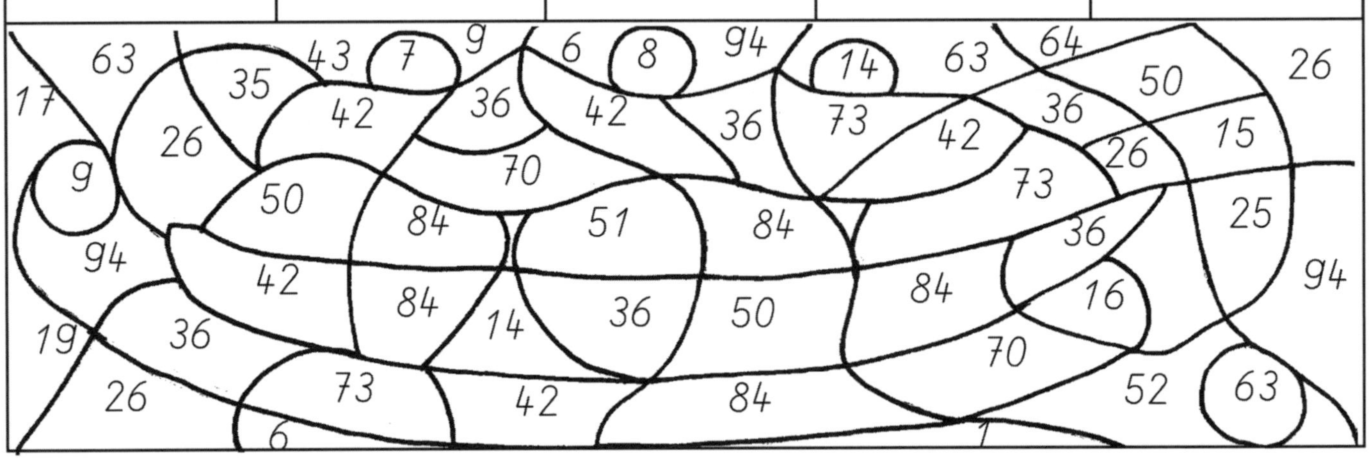

Sachaufgaben

100

Sonderfälle 2
+ / -

Frau Scheibe kauft im Kaufhaus 14 große Maikäfer aus Schokolade und 36 kleine Käfer.
Wie viele Käfer kauft sie zusammen?

Wir rechnen: ☐ ○ ☐ ○ ☐

Wir antworten:

Herr Wittmann legt eine Tasche mit 50 Schokoküssen ins Auto.
Frau Wittmann setzt sich versehentlich darauf. 13 davon zerbrechen.
Wie viele Schokoküsse sind noch ganz?

Wir rechnen: ☐ ○ ☐ ○ ☐

Wir antworten:

Im Glas ist ein Rest von 36 Sauren Pommes.
Der Verkäufer füllt das Glas mit 64 weiteren Pommes auf.
Wie viele Pommes sind jetzt im Glas?

Wir rechnen: ☐ ○ ☐ ○ ☐

Wir antworten:

In der Auslage liegen 60 Zuckerelefanten. Frau Topf kauft für Wolframs Geburtstagstorte 17 Stück.
Wie viele Elefanten liegen noch in der Auslage?

Wir rechnen: ☐ ○ ☐ ○ ☐

Wir antworten:

Für den Ausflug nimmt sich Susanne 40 Saure Apfelringe mit.
Sie schenkt ihrem Freund Paul 16 Stück.
Wie viele Apfelringe hat sie jetzt noch?

Wir rechnen: ☐ ○ ☐ ○ ☐

Wir antworten:

Volker beklagt sich: „Mir ist schlecht! Ich habe 21 Gummibärchen und 29 Maoam gegessen."
Wie viele Süßigkeiten hat er gegessen?

Wir rechnen: ☐ ○ ☐ ○ ☐

Wir antworten:

Für Schlauköpfe!

41 − 8 = ☐	85 + 10 = ☐	70 + 9 = ☐	30 + 5 = ☐	
97 − 34 = ☐	26 + 34 = ☐	94 − 8 = ☐	17 − 9 = ☐	
60 − 8 = ☐	68 + 7 = ☐	43 + 22 = ☐	58 + 4 = ☐	
36 + 4 = ☐	30 − 7 = ☐	22 − 1 = ☐	33 − 21 = ☐	
54 + 31 = ☐	70 − 27 = ☐	8 + 4 = ☐	60 − 15 = ☐	63 + 7 = ☐
79 + 3 = ☐	45 − 10 = ☐	81 − 50 = ☐	49 + 21 = ☐	51 − 9 = ☐

100

+/-
gemischte Aufgaben

Was ist passiert? (+)  oder  (−)

99 ○ 7 ○ 92	44 ○ 7 ○ 37	14 ○ 5 ○ 9
69 ○ 1 ○ 70	41 ○ 40 ○ 1	56 ○ 41 ○ 97
50 ○ 6 ○ 44	9 ○ 2 ○ 11	87 ○ 8 ○ 95
35 ○ 55 ○ 90	62 ○ 7 ○ 55	80 ○ 72 ○ 8

Rechen-Training

23 + 61 = ☐	90 − 52 = ☐	40 − 1 = ☐	43 + 2 = ☐	52 + 1 = ☐
22 + 9 = ☐	14 − 9 = ☐	73 + 7 = ☐	27 − 7 = ☐	88 − 41 = ☐
90 − 61 = ☐	85 − 8 = ☐	38 − 20 = ☐	84 + 14 = ☐	58 + 10 = ☐
75 − 26 = ☐	48 + 2 = ☐	35 + 6 = ☐	90 − 51 = ☐	90 + 2 = ☐
35 + 30 = ☐	72 − 30 = ☐	68 + 22 = ☐	45 + 25 = ☐	40 − 2 = ☐
55 − 2 = ☐	96 − 7 = ☐	11 − 8 = ☐	55 − 21 = ☐	66 − 50 = ☐

Rechne mit dem Ergebnis weiter!

−7: 99 → 92 → ○ → ○ → ○ → ○ → ○ → ○ → ○ → ○ → ○ → ○ → ○ → ○ → 8

+6: 29 → 35 → ○ → ○ → ○ → ○ → ○ → ○ → ○ → ○ → ○ → ○ → 95

Verbinde: Immer 2 Aufgaben haben das gleiche Ergebnis!

100

+ / -
gemischte Aufgaben

68 - 40 =	33 + 27 =		
89 + 6 =	55 + 32 =		
73 + 14 =	69 - 61 =		
14 - 6 =	100 - 5 =	15 - 8 =	39 - 22 =
97 - 37 =	8 + 8 =	42 + 51 =	11 + 82 =
50 - 34 =	99 - 16 =	29 + 8 =	88 - 51 =
73 + 9 =	32 - 4 =	100 - 8 =	14 + 13 =
78 + 5 =	61 - 21 =	34 - 7 =	87 + 5 =

Wie heißt das Lösungswort?

41 + 10 =	37 + 5 =	14 + 26 =	32 + 8 =	78 = 36 +
55 + 13 =	90 - 39 =	27 + 13 =	99 - 31 =	60 - 20 =
15 - 7 =	80 - 20 =	87 + 6 =	98 - 5 =	80 - 40 =
72 + 5 =	16 - 8 =	98 - 78 =	64 - 52 =	48 - 40 =
93 - 81 =	79 - 71 =	83 - 6 =	75 - 35 =	11 - 3 =
99 - 6 =	86 - 9 =	60 + 8 =	69 - 61 =	77 - 65 =

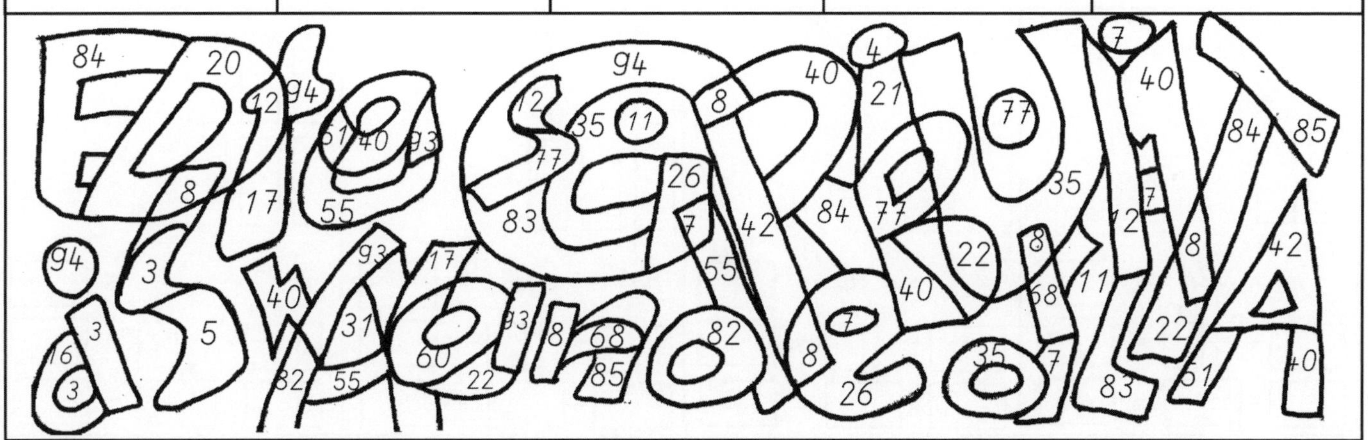

Im Supermarkt: Zehner und Einer verändern sich!

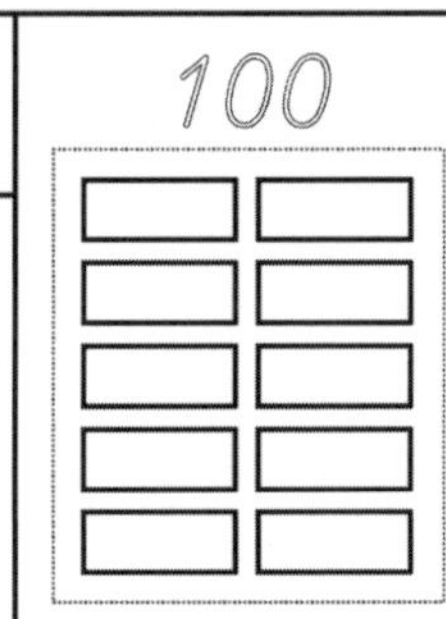

Zehnerübergang
ZE + ZE

25 + 27 = ＿＿

39 + 42 = ＿＿

79 + 12 = ＿＿

58 + 27 = ＿＿

27 + 45 = ＿＿

Male Zehner und Einer dazu! Rechne!

45 + 16 = ＿＿

69 + 22 = ＿＿

38 + 13 = ＿＿

55 + 36 = ＿＿

37 + 26 = ＿＿

28 + 34 = ＿＿

56 + 18 = ＿＿

63 + 29 = ＿＿

Male und rechne!

100

Zehnerübergang
ZE + ZE

47 + 36 =

66 + 17 =

48 + 24 =

78 + 14 =

24 + 27 =

65 + 27 =

34 + 19 =

Male die Rechnung!

26 + 15 =

34 + 29 =

67 + 14 =

32 + 19 =

37 + 36 =

38 + 34 =

24 + 18 =

45 + 29 =

Fülle erst den Zehner auf!

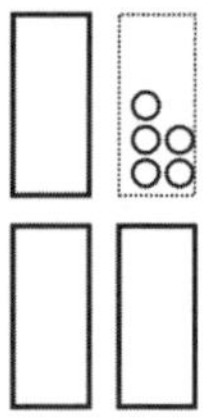

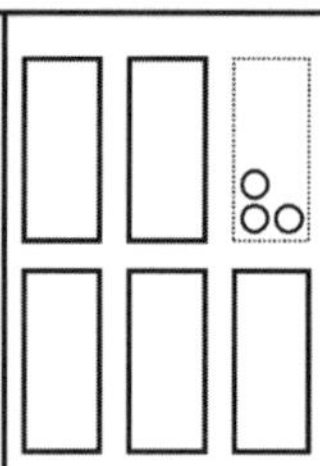

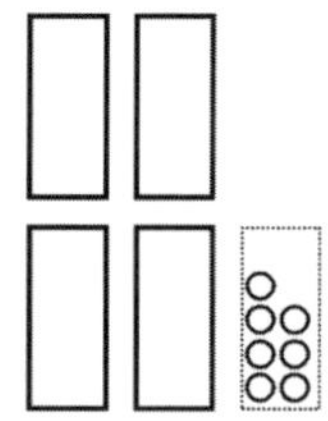

35 + 27 =	53 + 19 =	47 + 28 =	
35 + 28 =	54 + 39 =	74 + 18 =	44 + 47 =
57 + 16 =	67 + 27 =	45 + 39 =	56 + 26 =

Rechne in zwei Schritten!

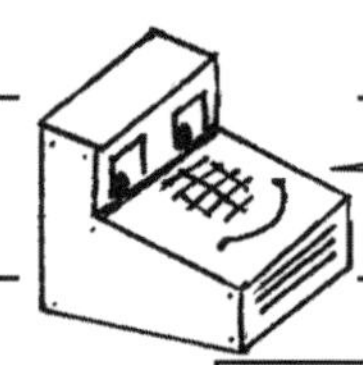

25 + 47 =	65 + 19 =	59 + 38 =	39 + 47 =
75 + 16 =	48 + 47 =	54 + 28 =	65 + 26 =
36 + 49 =	53 + 28 =	76 + 15 =	69 + 23 =
75 + 18 =	67 + 26 =	38 + 24 =	28 + 55 =

Jetzt ohne Zwischenschritt!

100

Zehnerübergang ZE + ZE

47 + 15 =	76 + 17 =	34 + 38 =	
27 + 54 =	64 + 29 =	49 + 15 =	55 + 26 =

Wie heißt die Rechnung?

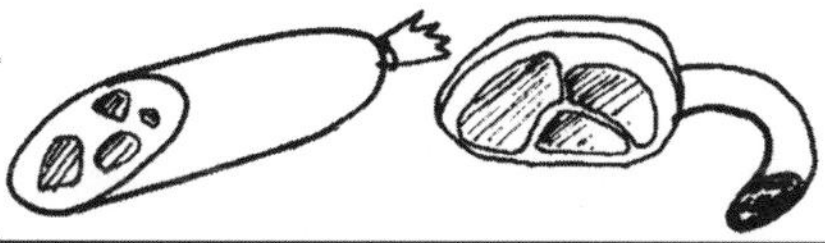

Das kannst du!

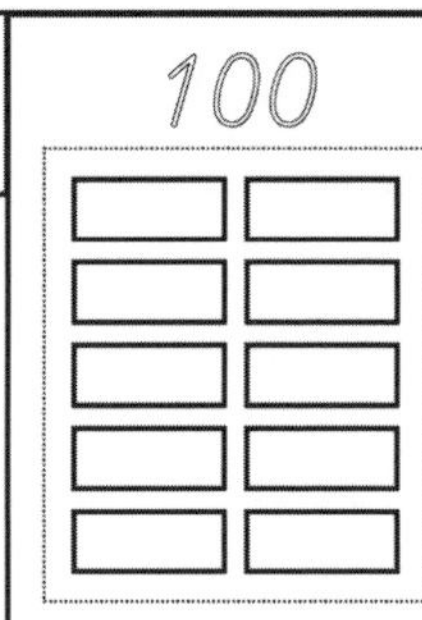

Zehnerübergang
ZE + ZE

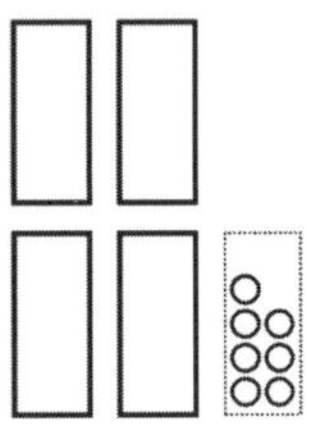

47 + 26 = ☐

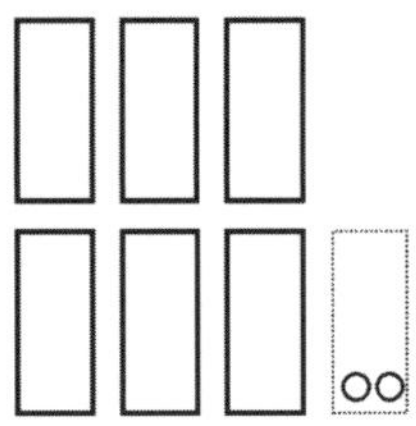

62 + 19 = ☐

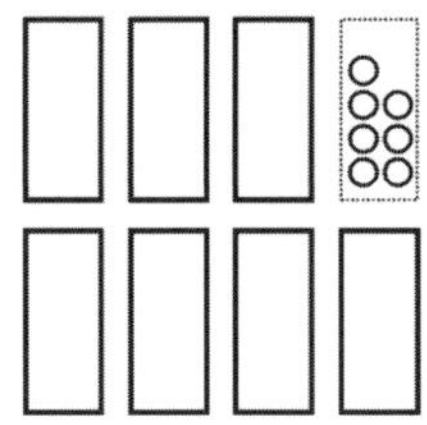

77 + 18 = ☐

29 + 55 = ☐	79 + 13 = ☐	67 + 17 = ☐	39 + 32 = ☐	29 + 46 = ☐
49 + 24 = ☐	77 + 14 = ☐	58 + 16 = ☐	24 + 47 = ☐	47 + 47 = ☐
48 + 13 = ☐	56 + 35 = ☐	49 + 32 = ☐	46 + 45 = ☐	38 + 27 = ☐
66 + 26 = ☐	23 + 69 = ☐	78 + 15 = ☐	69 + 12 = ☐	69 + 14 = ☐
29 + 34 = ☐	68 + 13 = ☐	25 + 36 = ☐	37 + 54 = ☐	89 + 11 = ☐
22 + 39 = ☐	29 + 23 = ☐	28 + 43 = ☐	38 + 23 = ☐	28 + 26 = ☐

Fehlersuche:

Streiche falsche Aufgaben aus!
Buchstaben der richtigen Aufgaben trage unten ein!

G: 33 + 18 = 51	**G**: 36 + 27 = 63
D: 44 + 37 = 81	**U**: 34 + 47 = 81
U: 23 + 38 = 61	**E**: 68 + 16 = 82
H: 52 + 19 = 71	**T**: 76 + 17 = 93
A: 24 + 28 = 52	**G**: 34 + 38 = 72
S: 76 + 18 = 94	**E**: 42 + 19 = 61
C: 22 + 19 = 43	**Ü**: 28 + 67 = 95
H: 55 + 18 = 75	**B**: 77 + 18 = 95
T: 43 + 39 = 82	**T**: 63 + 25 = 88

Lösungssatz:

☐☐ ☐☐☐☐

☐☐☐ ☐☐☐☐☐ !

Für ganz Fleißige!

100

Zehnerübergang
ZE + ZE

79 + 15 =	77 + 15 =	27 + 19 =	26 + 55 =
35 + 36 =	27 + 66 =	36 + 26 =	25 + 28 =
66 + 27 =	27 + 55 =	78 + 14 =	56 + 17 =
28 + 54 =	48 + 43 =	53 + 18 =	53 + 38 =
57 + 24 =	27 + 29 =	67 + 24 =	76 + 19 =
65 + 17 =	26 + 46 =	65 + 18 =	35 + 49 =

Tauschaufgaben

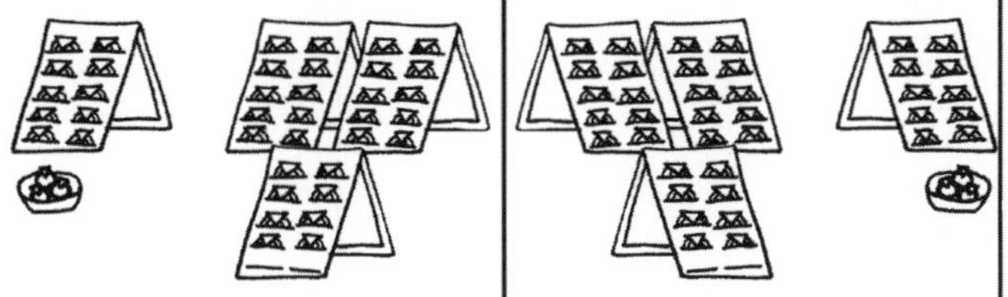

13 + 28 =

28 + 13 =

15 + 77 =	+ =
27 + 66 =	○ ○
43 + 48 =	○ ○
26 + 46 =	○ ○
17 + 75 =	○ ○
18 + 43 =	○ ○

Lösung:

28 + 59 =	F	86	K	87
32 + 49 =	A	82	L	81
35 + 36 =	A.	71	R.	72
44 + 27 =	S.	71	K.	81
45 + 26 =	L.	81	S.	71
54 + 37 =	E	91	U	92

57 + 37 =	J	94	G	84
29 + 66 =	E	95	S	85
38 + 49 =	K.	88	T.	87
45 + 28 =	E.	36	Z	73
77 + 19 =	T.	96	P.	95
63 + 19 =	H	82	L	72

59 + 14 =	A	73	H	74
48 + 34 =	E	83	S	82
27 + 46 =	N.	63	T.	73
35 + 38 =	D.	73	K.	63
44 + 28 =	A.	73	U.	72
26 + 65 =	A	91	N	81

66 + 25 =	L	91	N	81
25 + 59 =	L	84	E	74
56 + 28 =	S.	94	E	84
42 + 49 =	H.	92	S.	91
73 + 18 =	G.	81	R.	91
49 + 42 =	I	91	E	92

48 + 48 =	C	96	R	86
38 + 59 =	H	97	N	96
54 + 27 =	T.	81	I.	71
49 + 49 =	C.	88	I.	98
34 + 37 =	I.	72	G.	71
56 + 39 =	H	85	G	95

63 + 28 =	S	92	E	91
36 + 48 =	M	84	E	85
24 + 57 =	I.	71	A	81
78 + 18 =	C.	96	W.	95
58 + 17 =	E.	65	H.	75
33 + 58 =	T	91	R	81

So kannst du + Aufgaben auch aufschreiben:

Zehner	Einer
3	9
+ 1	2
=	

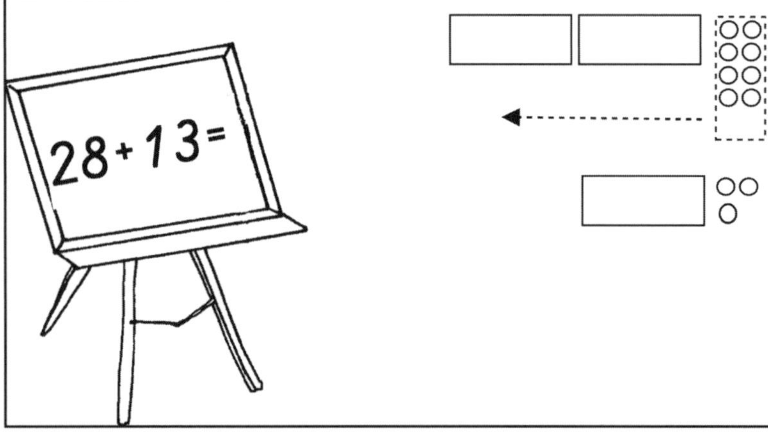

Zehner	Einer
2	8
+ 1	3
1	
=	

Ein Zehner wird voll! Einer verändern die Zehner.

Zehner	Einer
3	8
+ 1	4
=	

Zehner	Einer
3	6
+ 2	5
=	

Zehner	Einer
7	9
+ 1	3
=	

Zehner	Einer
2	5
+ 4	7
=	

Zehner	Einer
5	7
+ 1	6
=	

Zehner	Einer
6	9
+ 2	5

Zehner	Einer
1	3
+ 7	9

Zehner	Einer
5	2
+ 2	9

Zehner	Einer
3	6
+ 4	6

Zehner	Einer
7	5
+ 1	7

- Aufgaben: Zehner und Einer verändern sich!

100

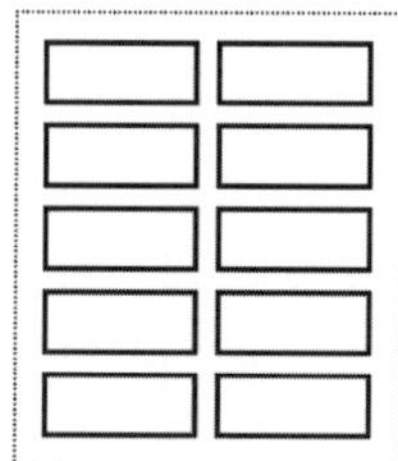

Zehnerübergang
ZE - ZE

91 - 15 = ☐

☐ - ☐ = ☐

☐ - ☐ = ☐

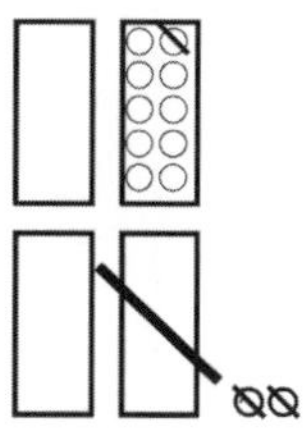

42 - 13 = ☐

☐ - ☐ = ☐

☐ - ☐ = ☐

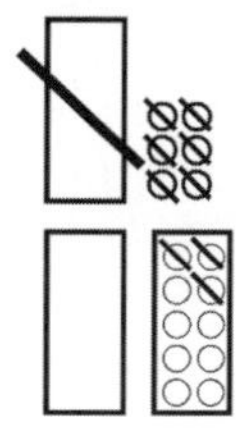

36 - 19 = ☐

☐ - ☐ = ☐

☐ - ☐ = ☐

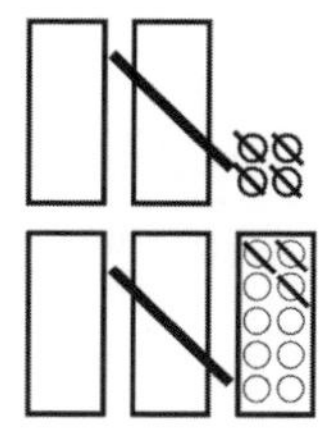

54 - 27 = ☐

☐ - ☐ = ☐

☐ - ☐ = ☐

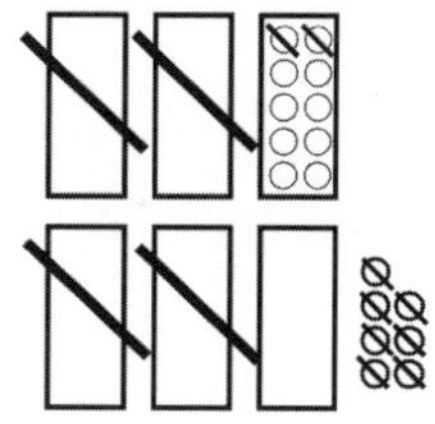

67 - 49 = ☐

☐ - ☐ = ☐

☐ - ☐ = ☐

Streiche weg und rechne!

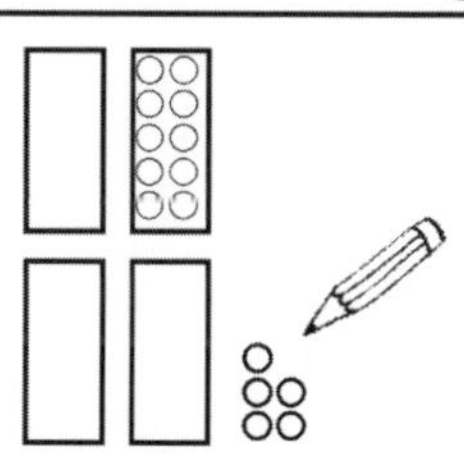

45 - 26 = ☐

☐ - ☐ = ☐

☐ - ☐ = ☐

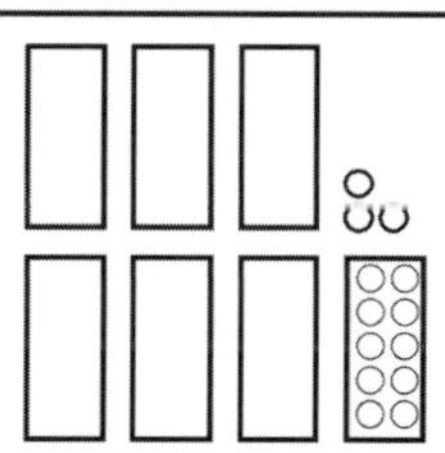

73 - 37 = ☐

☐ - ☐ = ☐

☐ - ☐ = ☐

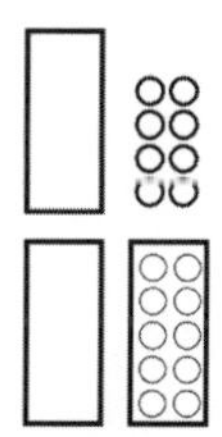

38 - 19 = ☐

☐ - ☐ = ☐

☐ - ☐ = ☐

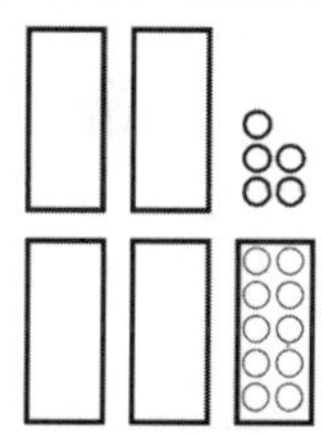

55 - 38 = ☐

☐ - ☐ = ☐

☐ - ☐ = ☐

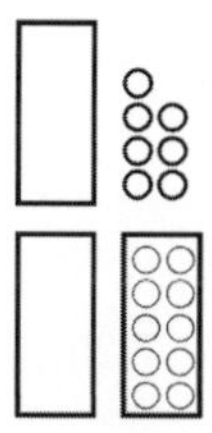

37 - 28 = ☐

☐ - ☐ = ☐

☐ - ☐ = ☐

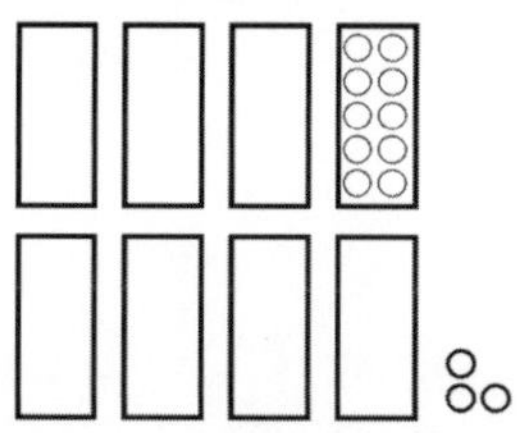

83 - 25 = ☐

☐ - ☐ = ☐

☐ - ☐ = ☐

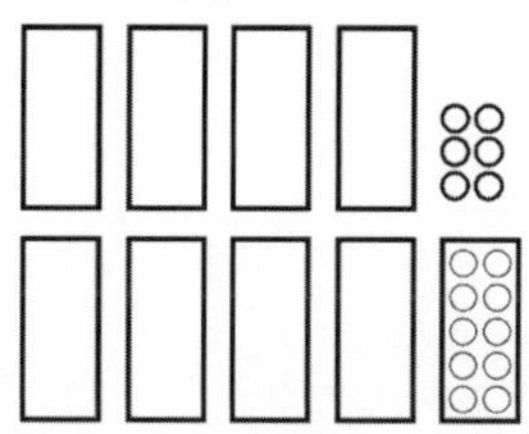

96 - 18 = ☐

☐ - ☐ = ☐

☐ - ☐ = ☐

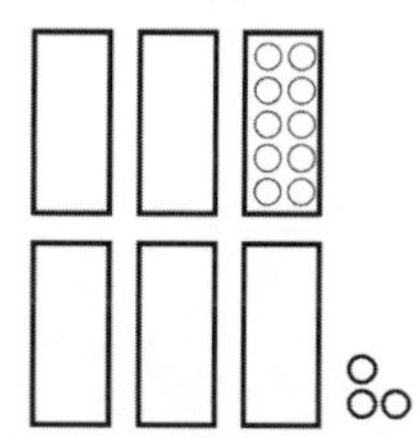

63 - 29 = ☐

☐ - ☐ = ☐

☐ - ☐ = ☐

Male und rechne!

100

Zehnerübergang
ZE - ZE

47 - 28 =

66 - 38 =

41 - 24 =

74 - 45 =

53 - 16 =

96 - 58 =

64 - 45 =

Male die Rechnung!

45 - 18 =

57 - 39 =

78 - 49 =

62 - 34 =

36 - 27 =

44 - 27 =

65 - 28 =

53 - 17 =

Vorsicht bei Einern und Zehnern!

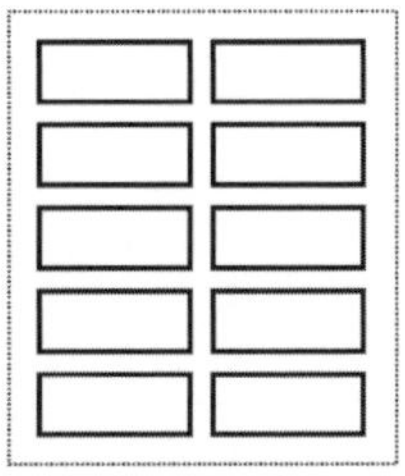

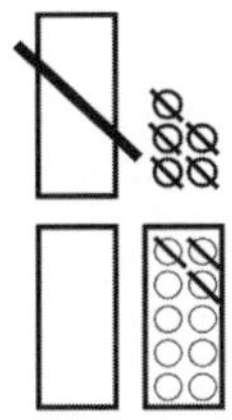

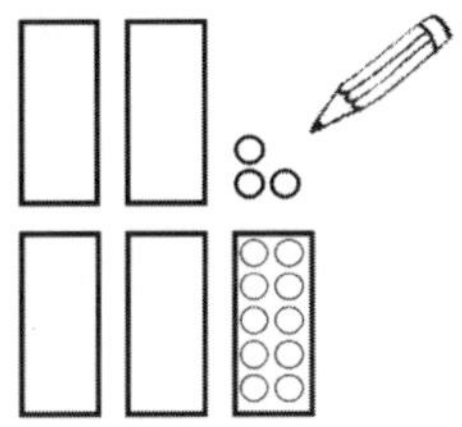

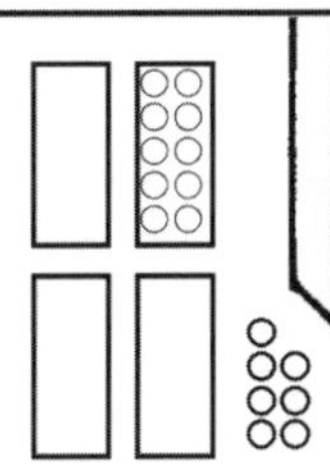

35 - 18 =

53 - 29 =

47 - 38 =

35 - 29 =

54 - 39 =

74 - 18 =

44 - 29 =

57 - 38 =

63 - 25 =

45 - 19 =

56 - 27 =

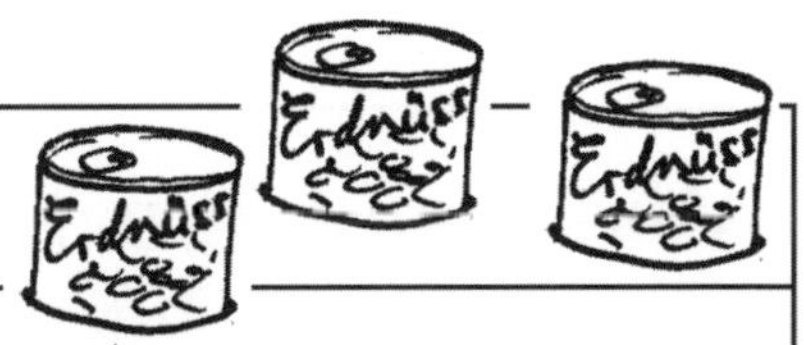

Rechne in zwei Schritten!

95 - 47 =

65 - 19 =

53 - 38 =

63 - 27 =

75 - 16 =

48 - 29 =

65 - 26 =

54 - 28 =

36 - 29 =

53 - 28 =

76 - 38 =

61 - 23 =

75 - 18 =

63 - 26 =

82 - 44 =

93 - 56 =

Jetzt ohne Zwischenschritt!

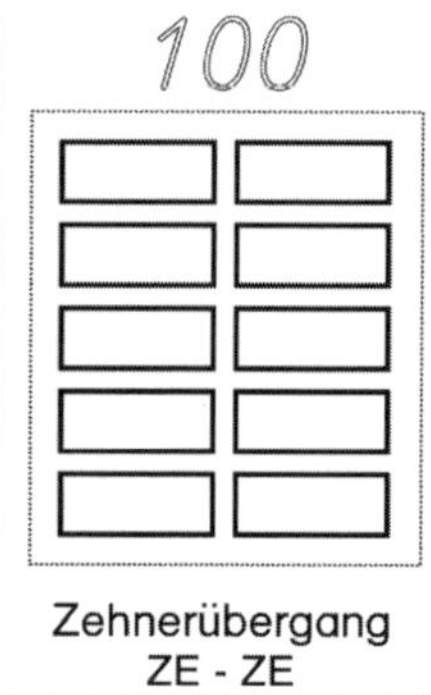

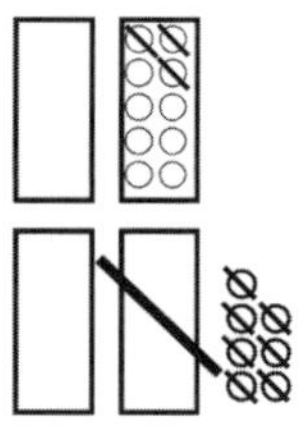

47 - 18 = ___

76 - 39 = ___

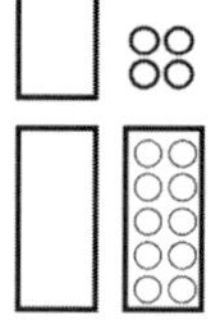

34 - 27 = ___

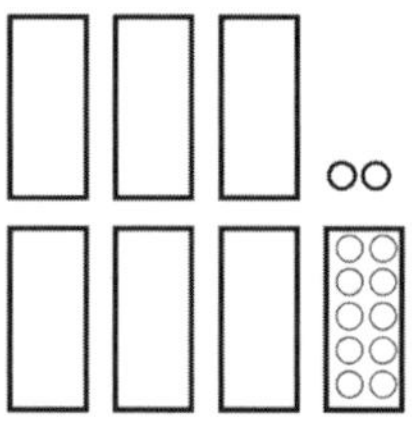

72 - 44 = ___

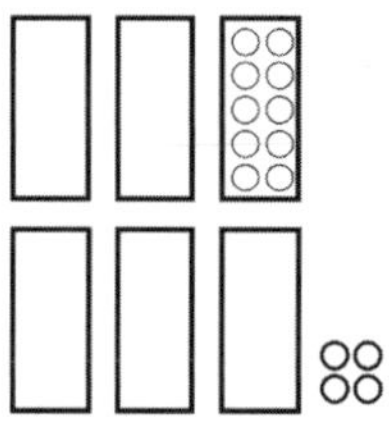

64 - 29 = ___

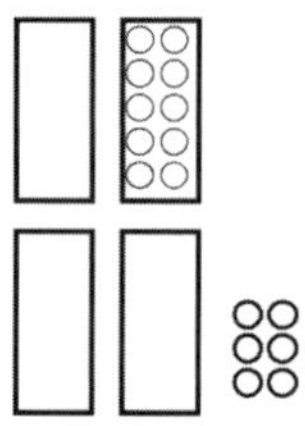

46 - 29 = ___

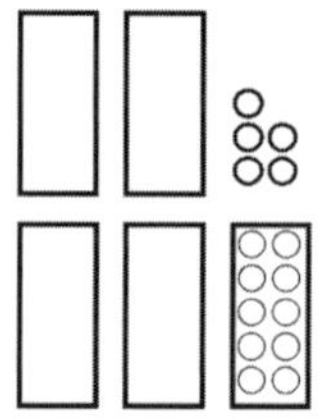

55 - 46 = ___

Wie heiβt die Rechnung?

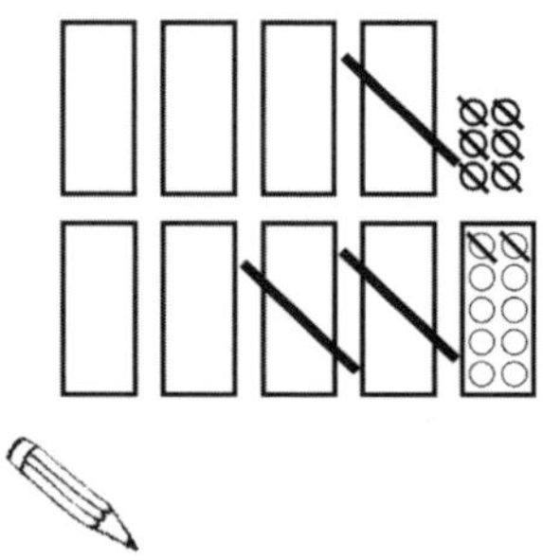

___ ○ ___ ○ ___

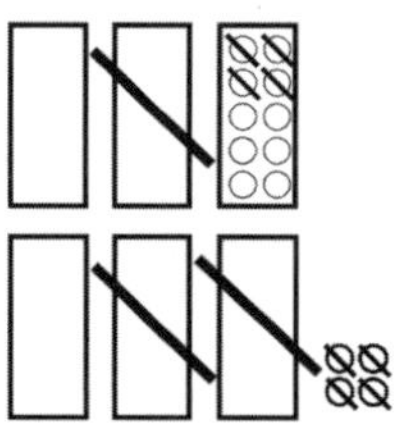

___ ○ ___ ○ ___

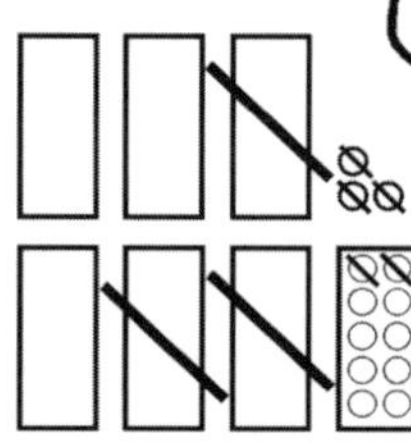

___ ○ ___ ○ ___

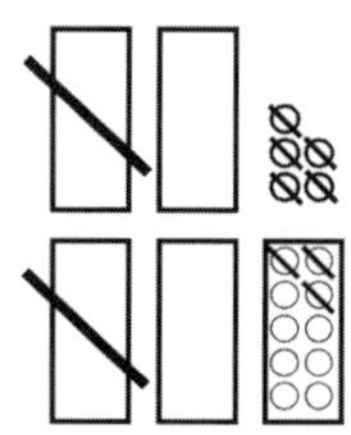

___ ○ ___ ○ ___

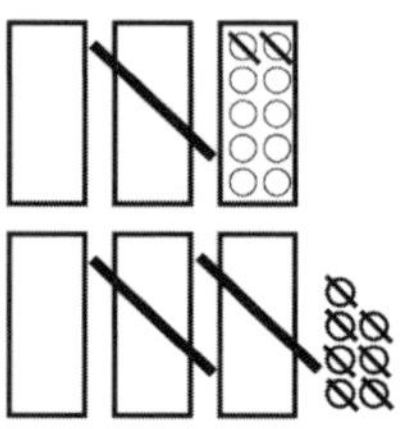

___ ○ ___ ○ ___

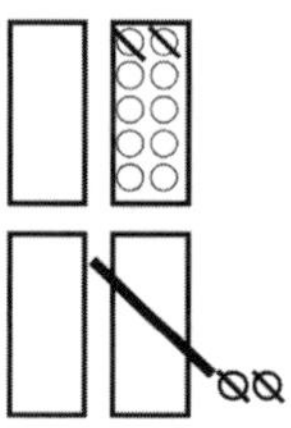

___ ○ ___ ○ ___

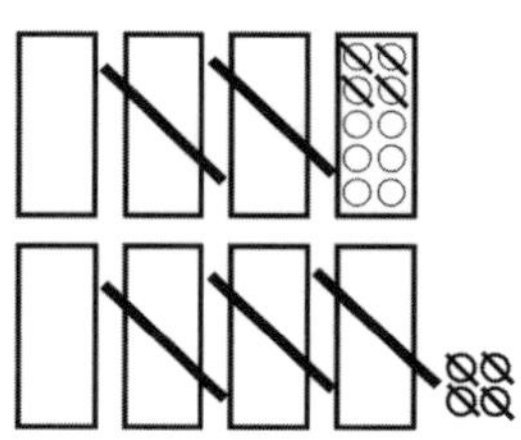

___ ○ ___ ○ ___

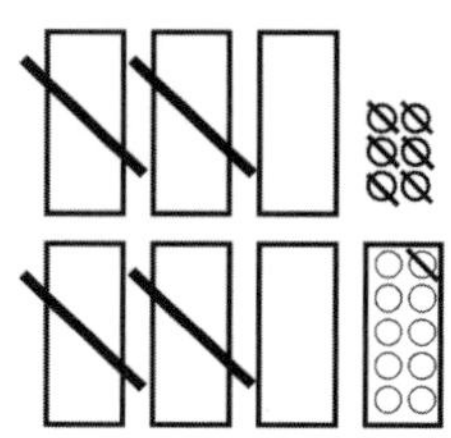

___ ○ ___ ○ ___

Schwierig, aber zu schaffen!

100

Zehnerübergang
ZE -ZE

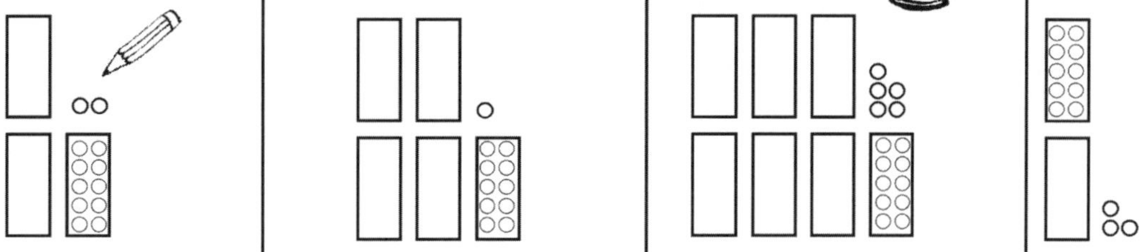

32 - 15 =	51 - 33 =	75 - 48 =	23 - 16 =

61-22=	71-43=	74-37=	72-25=	85-36=
24-17=	62-24=	33-26=	92-44=	56-47=
44-35=	84-55=	21-12=	41-33=	45-37=
31-12=	23-19=	54-35=	74-26=	33-14=
32-24=	31-23=	25-16=	83-44=	83-55=
81-33=	52-23=	72-43=	22-18=	44-16=

Rechenkannen

-17		-27		-37		-47	
26		31		96		91	
36		42		85		99	
46		53		74		81	
56		64		63		88	
66		75		52		73	
76		86		41		77	

Noch mehr - Aufgaben!

100

Zehnerübergang
ZE - ZE

92 - 25 =	91 - 45 =	92 - 66 =	21 - 14 =	
21 - 16 =	45 - 36 =	81 - 46 =	65 - 48 =	
36 - 17 =	81 - 55 =	85 - 49 =	64 - 17 =	
82 - 24 =	91 - 53 =	51 - 25 =	26 - 18 =	
71 - 34 =	94 - 49 =	22 - 14 =	93 - 37 =	41 - 15 =
44 - 17 =	53 - 36 =	27 - 18 =	86 - 29 =	92 - 73 =
31 - 25 =	41 - 34 =	21 - 15 =	22 - 13 =	91 - 66 =
82 - 43 =	82 - 58 =	66 - 49 =	68 - 49 =	71 - 56 =
94 - 58 =	52 - 37 =	93 - 46 =	93 - 64 =	85 - 48 =
33 - 19 =	33 - 18 =	63 - 17 =	95 - 76 =	95 - 88 =
53 - 37 =	32 - 23 =	65 - 26 =	73 - 57 =	84 - 77 =
61 - 36 =	71 - 22 =	66 - 48 =	51 - 47 =	26 - 19 =

Suche die Aufgaben im Supermarkt!

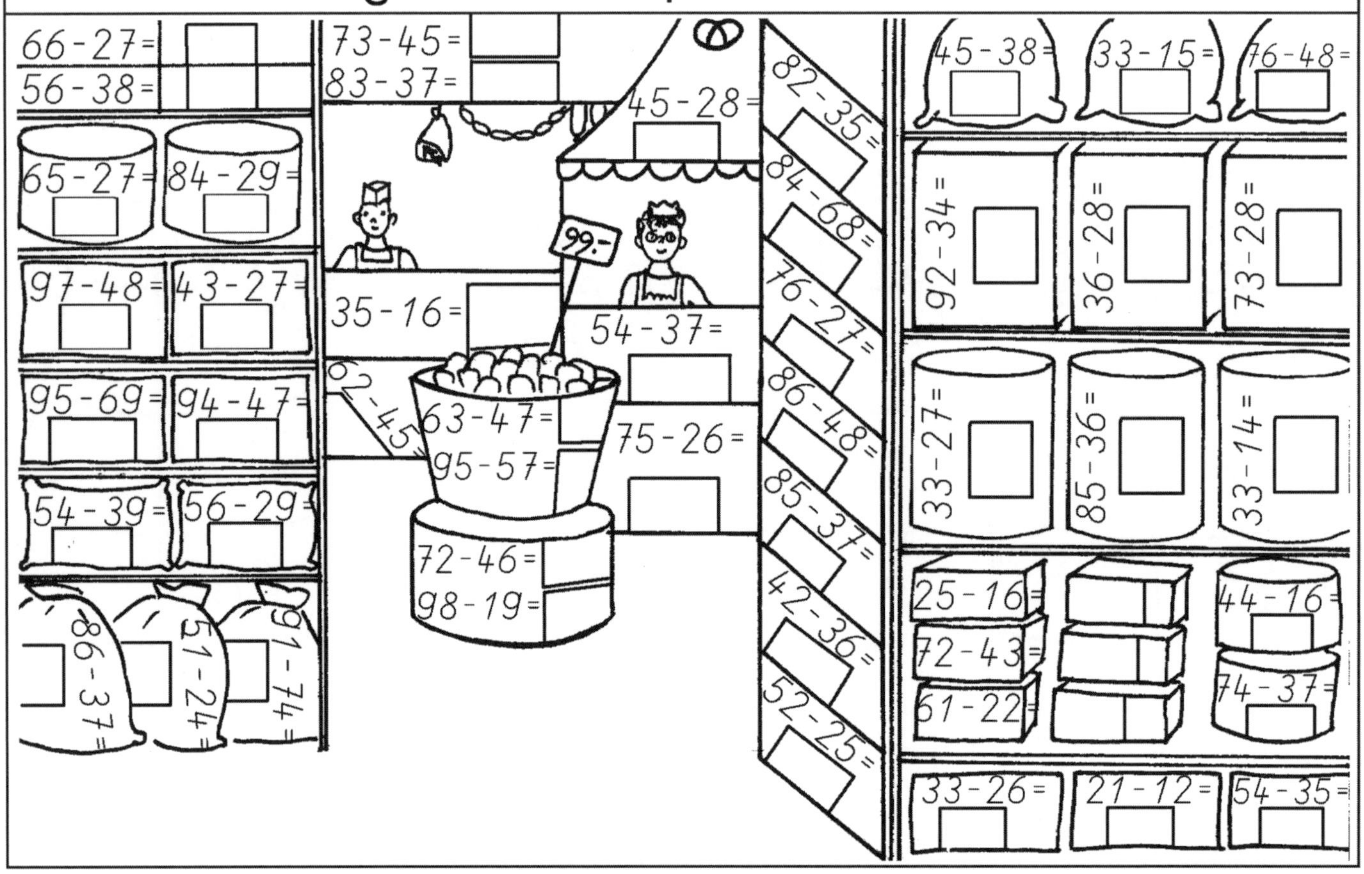

So kannst du - Aufgaben auch aufschreiben:

	Zehner	Einer
	3	
	4	12
−	1	4
=		

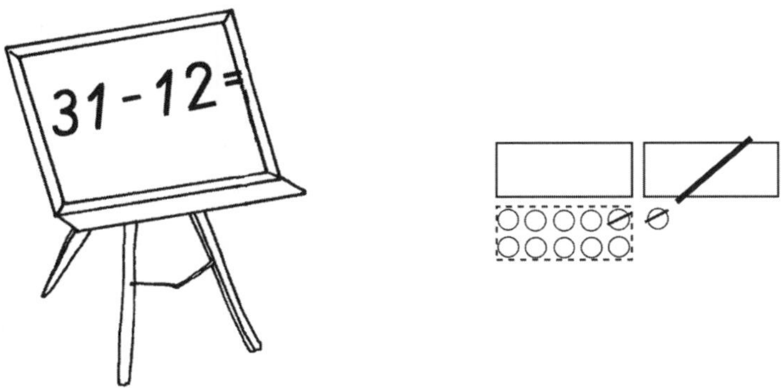

	Zehner	Einer
	2	
	3	11
−	1	2
=		

Übe weiter und lege mit Plättchen!

	Zehner	Einer
	6	
	7	12
−	1	4
=		

	Zehner	Einer
	8	
	9	11
−	3	2
=		

	Zehner	Einer
	4	
	5	14
−	4	8
=		

	Zehner	Einer
	5	
	6	14
−	4	7
=		

	Zehner	Einer
	8	1
−	3	2

	Zehner	Einer
	4	6
−	3	9

	Zehner	Einer
	9	6
−	4	8

	Zehner	Einer
	7	3
−	2	9

+ oder – ?

100

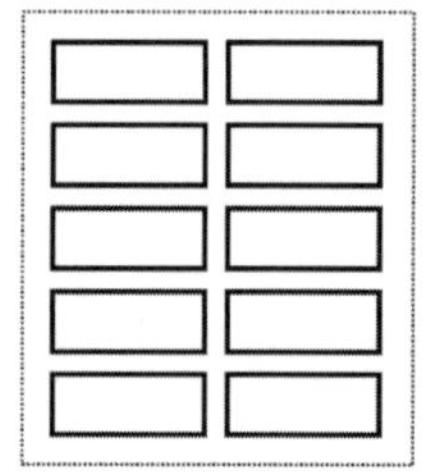

Zehnerübergang
ZE +/- ZE

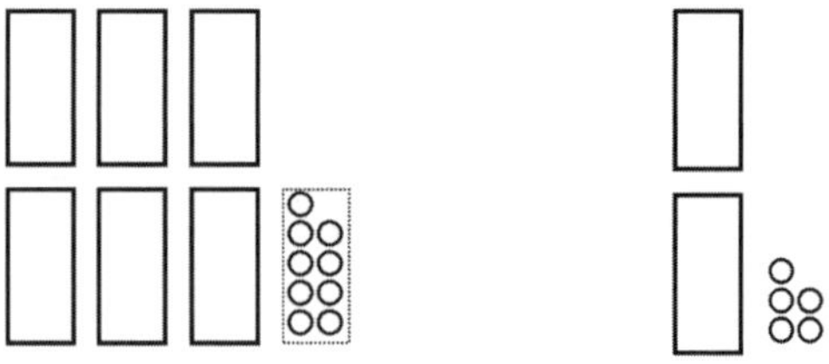

69 + 25 = ☐

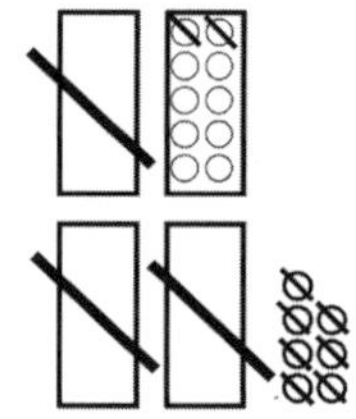

47 – 39 = ☐

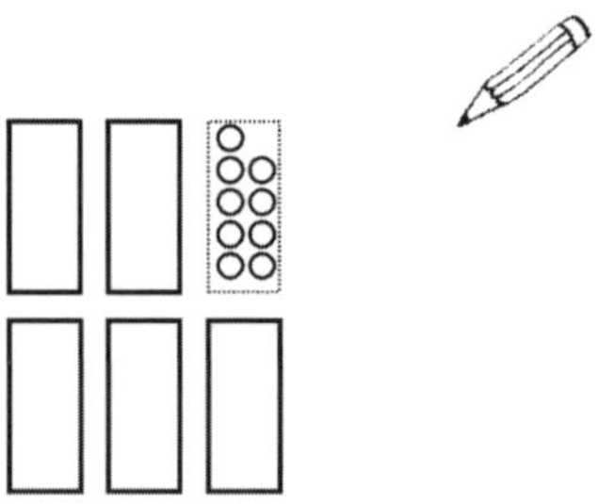

59 + 24 = ☐

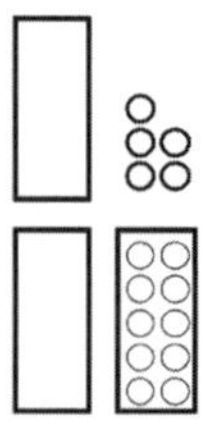

35 – 19 = ☐

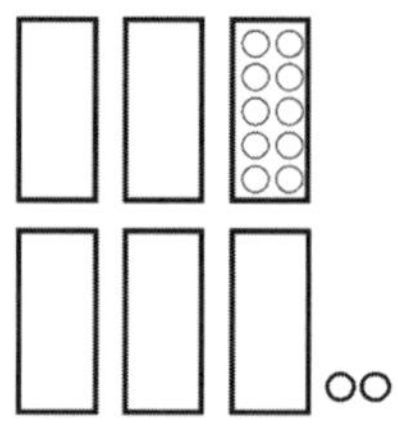

62 – 27 = ☐

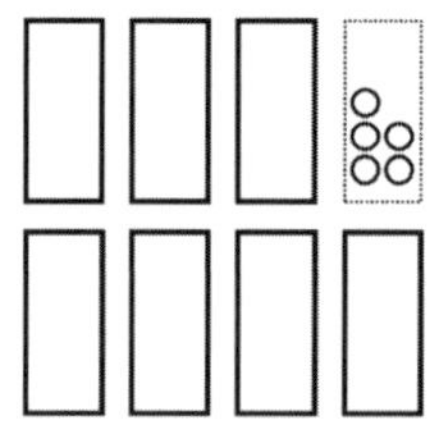

75 + 19 = ☐

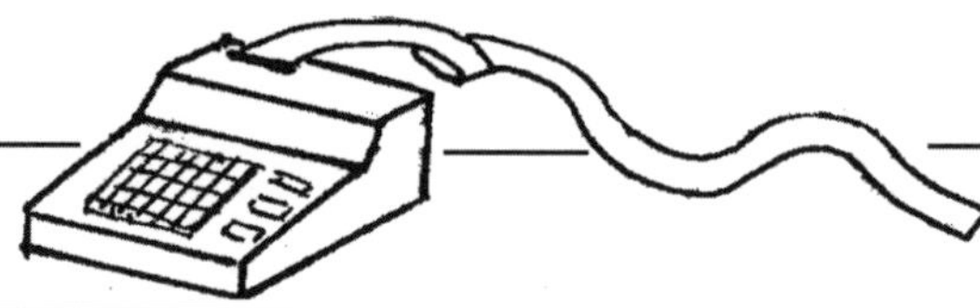

Male die Rechnung!

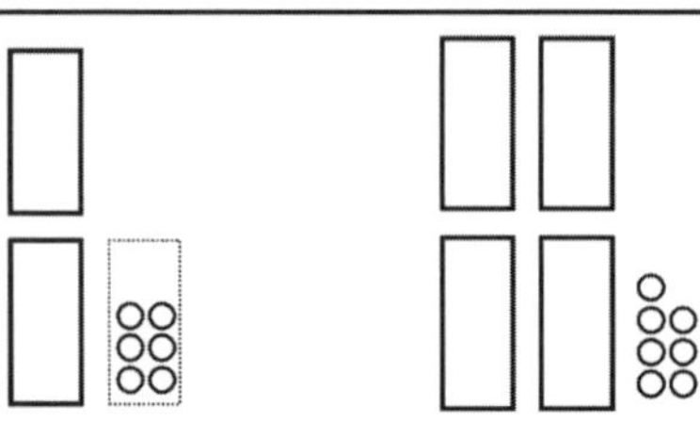

26 + 47 = ☐

52 – 36 = ☐

64 + 28 = ☐

91 – 59 = ☐

33 + 29 = ☐

75 + 19 = ☐

48 – 19 = ☐

64 – 48 = ☐

49 + 38 = ☐

Wie heißt die Rechnung?

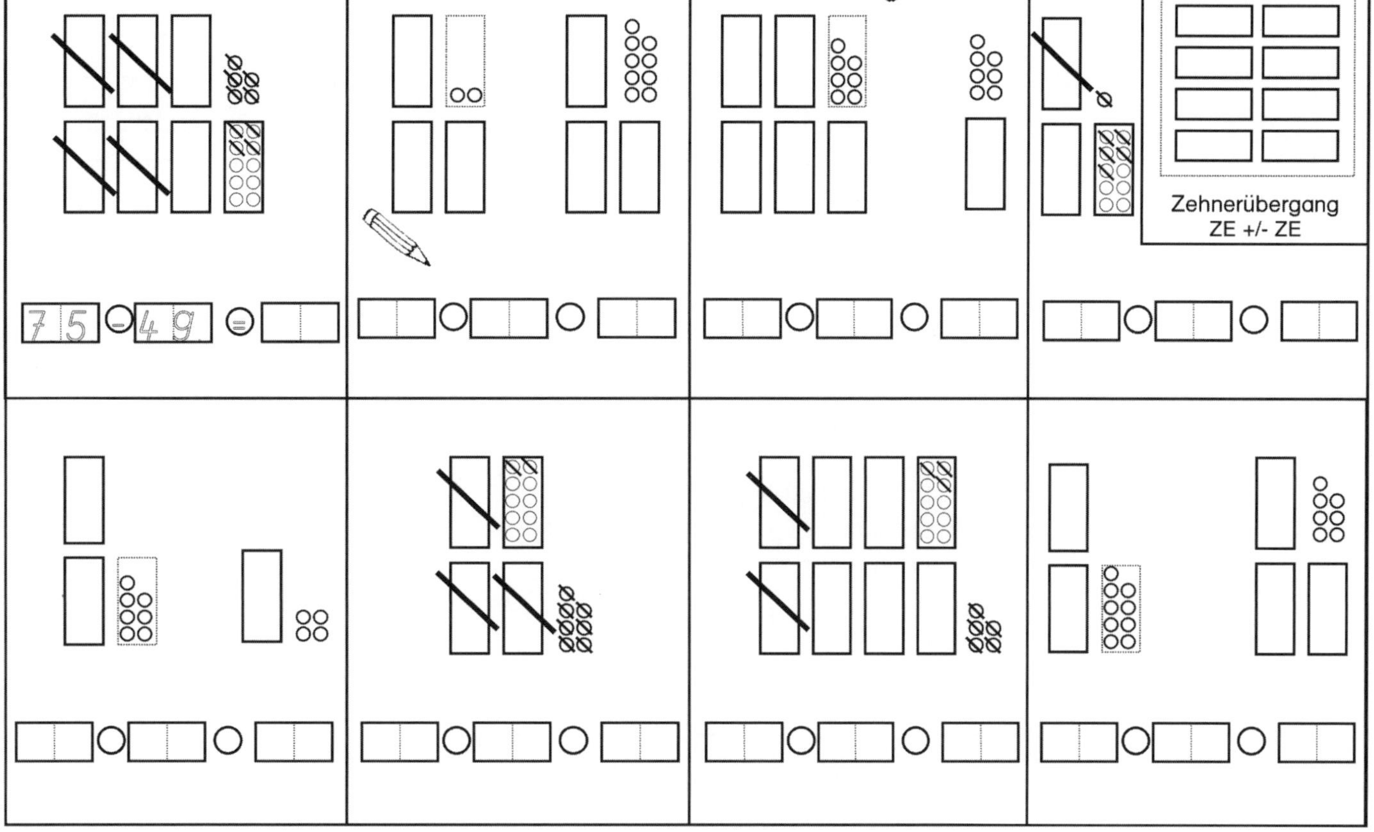

Augen auf: + oder - ?

44 - 19 =	55 + 17 =	72 - 27 =	48 + 14 =	52 - 33 =
92 - 67 =	55 + 29 =	34 + 48 =	41 - 14 =	66 + 29 =
23 + 58 =	41 - 27 =	84 - 45 =	34 - 29 =	93 - 66 =
59 + 29 =	61 - 12 =	28 + 47 =	34 + 37 =	81 - 48 =
24 - 18 =	34 - 15 =	77 - 28 =	79 + 16 =	42 + 19 =
28 + 58 =	68 + 26 =	63 - 45 =	22 - 16 =	78 + 18 =
62 - 43 =	36 - 18 =	79 + 14 =	68 + 19 =	29 + 57 =
45 - 29 =	59 + 33 =	27 - 19 =	73 - 34 =	48 + 23 =
37 + 48 =	93 - 59 =	44 + 39 =	48 + 39 =	24 - 19 =
83 - 78 =	37 + 37 =	49 + 26 =	52 - 48 =	42 - 39 =
96 - 87 =	25 + 69 =	32 - 17 =	39 + 19 =	69 + 15 =
46 + 27 =	49 + 28 =	85 - 66 =	61 - 27 =	51 - 12 =

So ist es leicht!

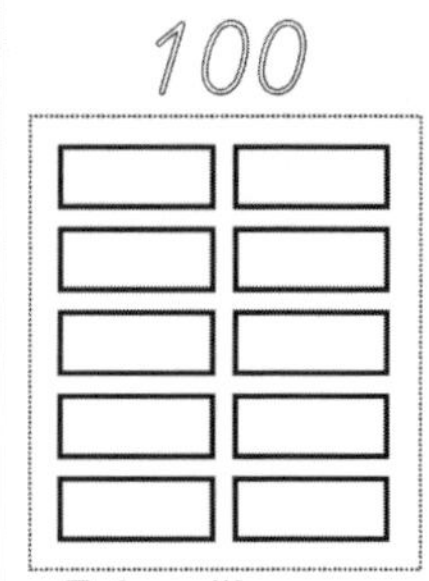

Zehnerübergang
ZE +/- ZE

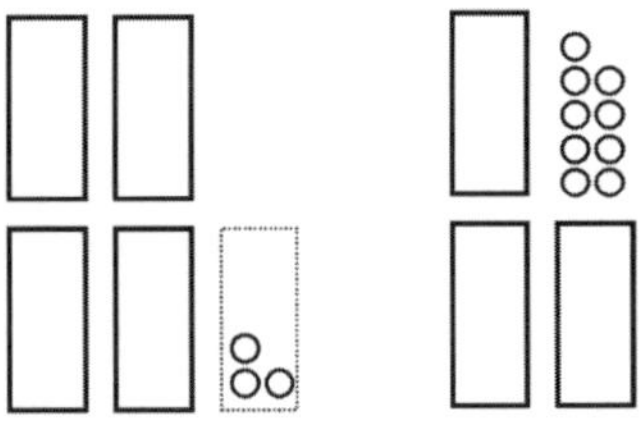

43 + 39 = ☐

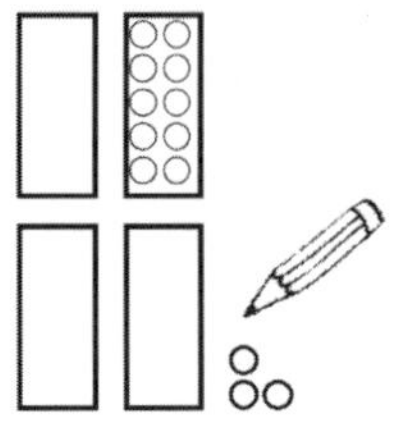

43 - 26 = ☐

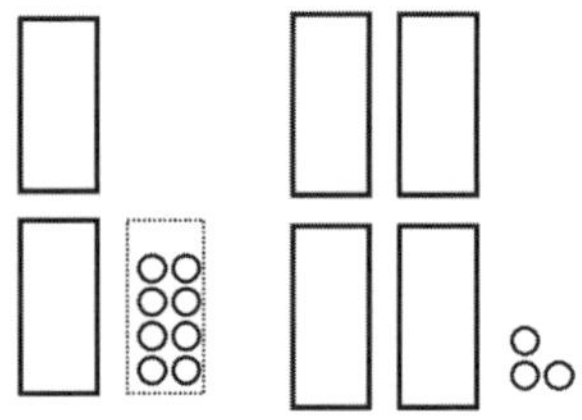

28 + 43 = ☐

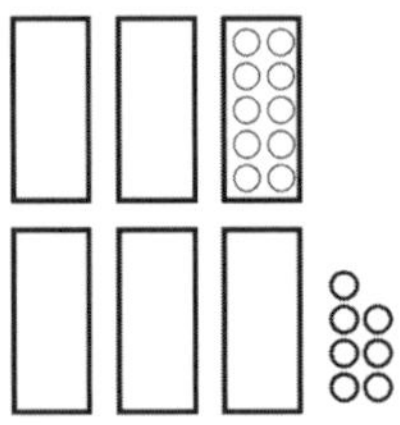

67 - 38 = ☐

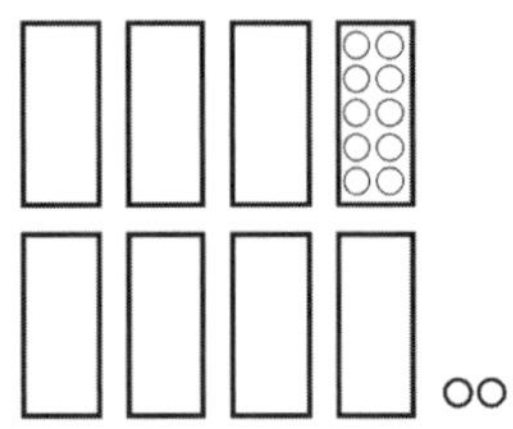

82 - 43 = ☐

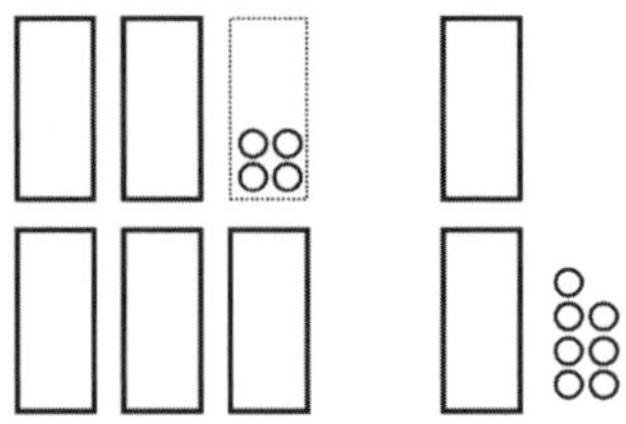

54 + 27 = ☐

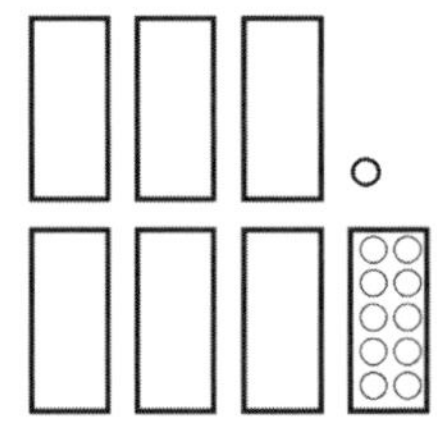

71 - 52 = ☐

Jetzt gut aufgepasst!

23 + 59 = ☐	61 - 52 = ☐	42 - 14 = ☐	43 + 46 = ☐	52 + 39 = ☐
22 + 39 = ☐	87 - 69 = ☐	73 + 26 = ☐	27 - 18 = ☐	88 - 69 = ☐
94 - 66 = ☐	85 - 27 = ☐	38 - 29 = ☐	74 + 17 = ☐	56 + 17 = ☐
75 - 27 = ☐	48 + 19 = ☐	35 + 26 = ☐	74 - 57 = ☐	35 + 36 = ☐
41 + 38 = ☐	72 - 44 = ☐	68 + 24 = ☐	45 + 46 = ☐	46 - 18 = ☐
54 - 19 = ☐	96 - 77 = ☐	63 - 45 = ☐	55 - 29 = ☐	93 - 54 = ☐
82 - 43 = ☐	27 + 49 = ☐	38 + 43 = ☐	27 - 16 = ☐	52 + 34 = ☐
96 - 77 = ☐	91 - 45 = ☐	63 + 28 = ☐	46 - 27 = ☐	65 - 27 = ☐
64 + 28 = ☐	34 - 16 = ☐	58 - 29 = ☐	87 - 39 = ☐	54 + 35 = ☐
34 + 59 = ☐	26 + 66 = ☐	71 - 52 = ☐	33 + 38 = ☐	81 - 46 = ☐
67 - 38 = ☐	47 - 18 = ☐	72 - 34 = ☐	57 + 26 = ☐	34 + 58 = ☐
35 + 59 = ☐	71 + 13 = ☐	61 + 29 = ☐	46 + 48 = ☐	74 - 37 = ☐

Nur Fleißige schaffen das!

100

Zehnerübergang
ZE +/- ZE

41 - 18 =	45 + 17 =	79 + 18 =		
97 - 38 =	26 + 48 =	94 - 38 =	98 - 29 =	
63 - 48 =	68 + 27 =	43 + 48 =	58 + 14 =	
36 + 38 =	30 - 17 =	22 - 15 =	33 - 28 =	
54 + 18 =	73 - 27 =	68 + 14 =	74 - 15 =	58 + 18 =
79 + 19 =	45 - 27 =	81 - 54 =	49 + 48 =	51 - 19 =

52 - 27 =	41 - 38 =	93 - 84 =	39 + 39 =	33 - 29 =
69 + 16 =	82 - 25 =	96 - 17 =	39 + 54 =	63 - 56 =
64 - 36 =	91 - 75 =	56 + 19 =	44 + 16 =	47 + 14 =
26 + 17 =	33 - 17 =	37 + 34 =	73 - 23 =	49 + 27 =
44 - 15 =	33 + 28 =	62 - 27 =	45 + 18 =	36 + 17 =
55 + 37 =	64 + 17 =	96 - 47 =	57 + 27 =	87 - 48 =

Viele Aufgaben für die Kassiererin!

Für kluge Leute!

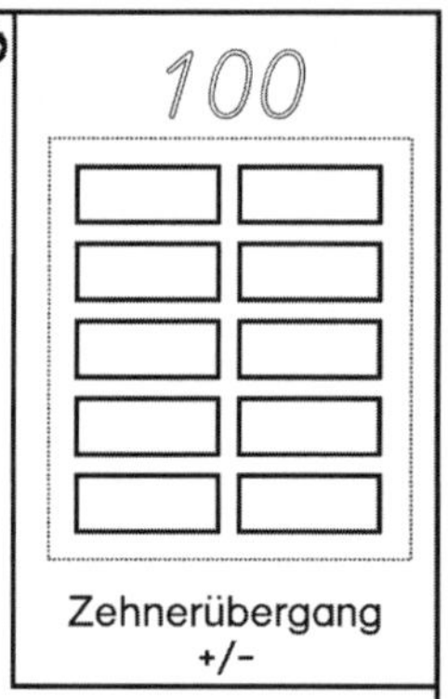

41 - 22 =	85 + 9 =	74 + 19 =	39 + 7 =	
97 - 8 =	26 + 28 =	91 - 2 =	57 - 29 =	
65 - 38 =	68 + 3 =	43 + 28 =	59 + 41 =	
36 + 37 =	31 - 2 =	22 - 17 =	33 - 31 =	
54 + 8 =	72 - 29 =	27 + 6 =	48 - 39 =	63 + 39 =
68 + 23 =	45 - 7 =	81 - 3 =	49 + 39 =	51 - 38 =

82 - 67 =	42 + 9 =	93 - 9 =	83 + 9 =	23 - 6 =
69 + 26 =	82 - 48 =	53 - 39 =	39 + 46 =	63 - 4 =
51 - 3 =	52 + 9 =	56 + 9 =	41 - 36 =	88 + 5 =
26 + 8 =	33 - 7 =	37 + 27 =	73 - 5 =	49 + 22 =
44 - 25 =	32 - 13 =	62 - 58 =	45 + 37 =	87 + 6 =
55 + 19 =	73 + 8 =	21 - 9 =	38 + 18 =	32 - 5 =

Umkehraufgaben

91 − 15 =

76 + 15 =

43 − 17 =	○ ○
95 − 36 =	○ ○
24 − 8 =	○ ○
21 − 18 =	○ ○
62 − 49 =	○ ○
58 − 29 =	○ ○

So kannst du Aufgaben auch aufschreiben:

	Zehner	Einer
	2	8
+	2	3
	1	
=		1

	Zehner	Einer
	2	
	~~3~~	→ 12
−	1	3
=		

Einer verändern die Zehner!

	Zehner	Einer
	5	8
+	2	6
=		

	Zehner	Einer
	6	5
−	1	6
=		

	Zehner	Einer
	3	9
+	1	4
=		

	Zehner	Einer
	4	7
−	2	9
=		

	Zehner	Einer
	5	7
+	1	6
=		

	Zehner	Einer
	9	5
−	6	9

	Zehner	Einer
	2	7
+	3	4

	Zehner	Einer
	6	8
+	2	9

	Zehner	Einer
	4	6
−	2	7

	Zehner	Einer
	7	5
+	1	7

Für Schlaue!

100 +/- gemischte Aufgaben

85 + 7 =	70 - 68 =	8 + 4 =	83 + 11 =	
37 - 18 =	60 + 1 =	3 + 9 =	21 - 11 =	
58 + 29 =	74 - 8 =	50 - 2 =	45 + 36 =	
29 + 31 =	73 + 11 =	30 + 6 =	66 - 2 =	
22 + 50 =	40 + 30 =	35 - 13 =	80 - 44 =	87 - 40 =
94 + 5 =	38 + 21 =	52 + 19 =	24 - 7 =	80 - 6 =

Rechenwürste: Rechne mit dem Ergebnis weiter!

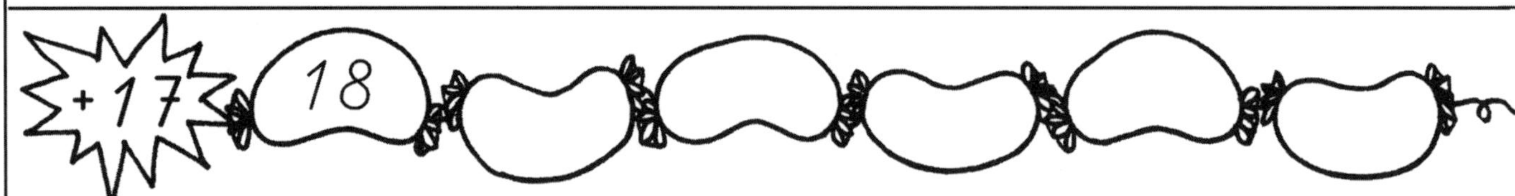

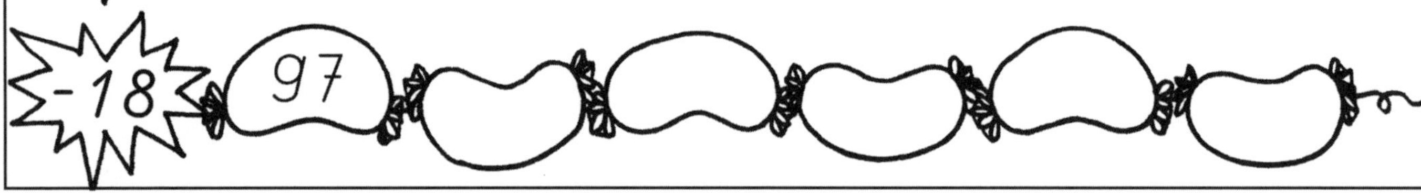

Was ist hier versteckt?

24 + 46 =	25 - 5 =	95 + 5 =
79 + 3 =	77 + 13 =	40 - 18 =
35 - 7 =	87 - 42 =	31 + 56 =
91 - 64 =	59 + 6 =	59 + 19 =
72 + 14 =	80 + 2 =	50 - 30 =
40 - 5 =	67 - 10 =	26 + 2 =
45 + 10 =	90 - 42 =	64 + 6 =
32 - 7 =	66 + 16 =	88 + 9 =
55 - 1 =	79 - 40 =	52 + 2 =
82 - 53 =	37 - 19 =	70 - 6 =
34 + 8 =	21 - 9 =	78 + 7 =
44 + 33 =	91 + 4 =	100 - 65 =

Kettenaufgaben!

100

Zehnerübergang
ZE +/- ZE

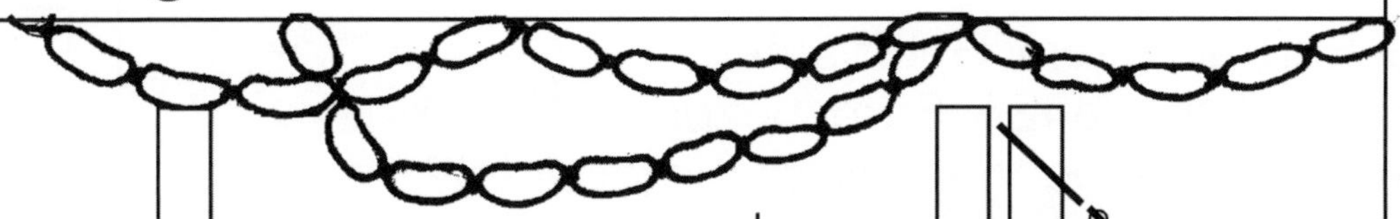

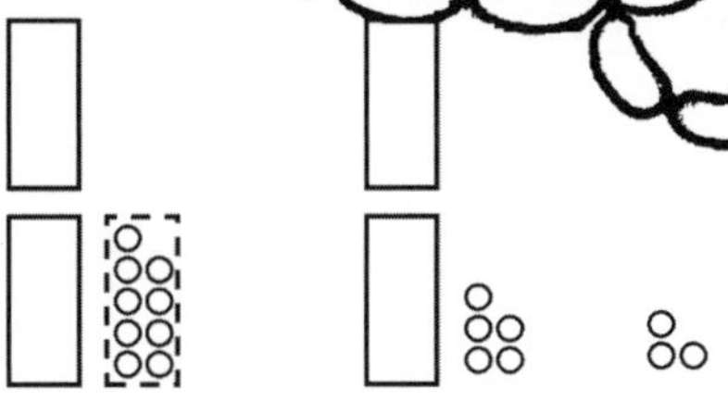

29 + 25 + 3 =

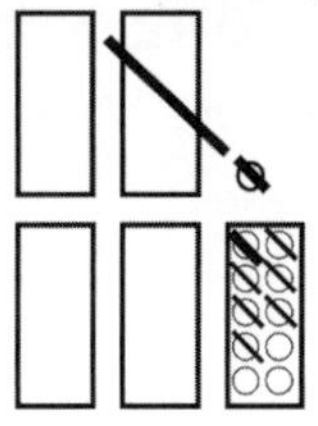

51 - 12 - 6 =

29 + 42 + 6 =	19 + 34 + 6 =	53 - 36 - 2 =	92 - 54 - 5 =
44 + 18 + 2 =	57 + 25 + 5 =	84 - 17 - 6 =	76 - 48 - 3 =
67 + 25 + 1 =	35 + 36 + 3 =	67 - 29 - 2 =	81 - 47 - 1 =
34 + 39 + 3 =	48 + 25 + 4 =	78 - 39 - 6 =	43 - 24 - 5 =

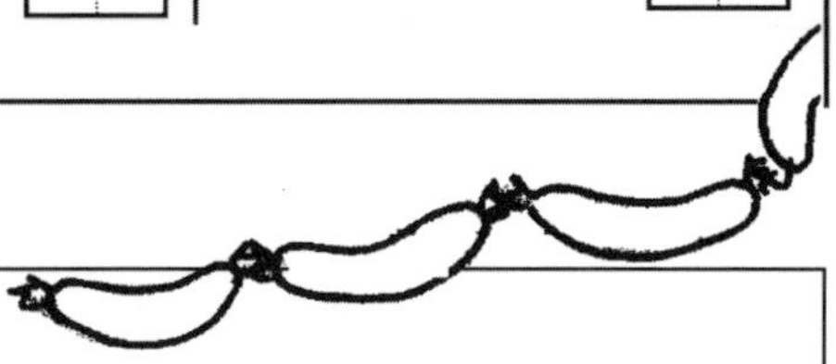

Los geht's!

97 - 49 + 1 =	67 + 25 - 1 =	63 + 19 - 1 =	65 - 39 + 2 =
72 - 28 + 3 =	78 + 17 - 2 =	51 - 39 + 7 =	37 + 47 - 1 =
81 - 47 + 3 =	45 + 28 - 3 =	35 + 48 - 2 =	72 - 35 + 2 =
42 + 29 - 6 =	72 - 49 + 6 =	41 - 16 + 3 =	66 - 49 + 2 =
59 + 35 - 3 =	64 - 37 + 1 =	23 - 17 + 2 =	69 + 15 - 4 =
54 + 29 - 2 =	94 - 68 + 1 =	44 + 39 - 2 =	26 - 19 + 1 =
92 - 55 + 1 =	67 + 25 - 1 =	67 + 25 - 1 =	67 + 25 - 1 =
52 - 38 + 3 =	78 + 17 - 2 =	48 + 17 - 3 =	68 + 19 - 2 =

Sachaufgaben

100

Zehnerübergang
ZE +/- ZE

Ina hat 43 Euro in ihrem Geldbeutel.
An der Kasse muss sie 26 Euro bezahlen.
Wie viel Euro hat sie noch in ihrem Geldbeutel?

Wir rechnen: ☐ ○ ☐ ○ ☐

Wir antworten:

Die Verkäuferin zählt die Süßigkeiten im Regal an der Kasse.
Dort liegen noch 46 Kokosriegel, 26 Nussriegel und 19 Karamelriegel.
Wie viele süße Riegel liegen im Regal?

Wir rechnen: ☐ ○ ☐ ○ ☐ ○ ☐

Wir antworten:

Am Obststand liegen 97 rote Äpfel. Als der Verkäufer am Morgen kontrolliert, merkt er, dass 39 Äpfel schlecht geworden sind.
Er wirft sie weg. Wie viele gute Äpfel hat er noch?

Wir rechnen: ☐ ○ ☐ ○ ☐

Wir antworten:

Evis Mutter kauft einen Vorrat an Mini-Schokoladen ein.
Von den Gemischten nimmt sie 36 Tafeln. Von Evis Lieblings-Schokolade Nougat nimmt sie extra noch 25 Stück mit.
Wie viele Mini-Schokoladen kauft die Mutter?

Wir rechnen: ☐ ○ ☐ ○ ☐

Wir antworten:

An der Wursttheke liegen 72 Grill-Würstchen im Sonderangebot.
Ruth plant für den Abend ein Lagerfeuer und nimmt 35 Würstchen mit.
Wie viele Würstchen bleiben an der Theke liegen?

Wir rechnen: ☐ ○ ☐ ○ ☐

Wir antworten:

In der Backtheke gibt es noch 52 Krapfen.
Der Backofen klingelt. 39 weitere Krapfen sind fertig.
Wie viele Krapfen liegen jetzt in der Theke?

Wir rechnen: ☐ ○ ☐ ○ ☐

Wir antworten:

Sachaufgaben

100

Zehnerübergang
ZE +/- ZE

Isabel hat ihr Sparschein zerschlagen. Es waren 41 Euro darin. Zu ihrem Fest kauft sie für 9 Euro Süßigkeiten. Für Getränke gibt sie 13 Euro aus. Wie viel Euro hat sie noch?

Wir rechnen:

Wir antworten:

Nicki hat zum Geburtstag von seiner Tante 25 Euro bekommen. Seine Großmutter schenkt ihm 20 Euro . Er lädt seinen Bruder Coco und zwei Freunde zum Eis essen ein. Dafür bezahlt er 16 Euro. Wie viele Euros bleiben ihm vom Geburtstagsgeld übrig?

Wir rechnen:

Wir antworten:

Joachim besorgt einen Vorrat an Getränken. Er kauft 15 Flaschen Cola, 12 Flaschen Orangensaft und 15 Flaschen Apfelsaft. Wie viele Getränkeflaschen kauft er?

Wir rechnen:

Wir antworten:

Ich denke mir eine Zahl:
Die Zahl ist um 26 kleiner als 93.

Wir antworten:

Ich denke mir eine Zahl:
Wenn ich zu dieser Zahl 27 dazu rechne, kommt 92 heraus.

Wir antworten:

Ich denke mir eine Zahl:
Ich zähle 38 dazu. Dann ziehe ich 51 ab.
Jetzt kommt 0 heraus.

Wir antworten:

Finde Aufgaben!

100

Zehnerübergang
ZE +/- ZE

45 36 81

□ ○ □ ○ □
□ ○ □ ○ □
□ ○ □ ○ □

58 29 87

□ ○ □ ○ □
□ ○ □ ○ □
□ ○ □ ○ □

28 63 35

□ ○ □ ○ □
□ ○ □ ○ □
□ ○ □ ○ □

19 71 52

□ ○ □ ○ □
□ ○ □ ○ □
□ ○ □ ○ □

37 18 19

18 + 19 = 37
19 + □ = □
□ − □ = □

Wie heißt das Lösungswort?

76 − 9 = □	23 + 68 = □	81 − 22 = □	56 + 6 = □	91 − 86 = □
75 + 8 = □	42 − 38 = □	39 + 6 = □	26 − 17 = □	46 − 17 = □
54 − 15 = □	69 + 5 = □	27 + 27 = □	66 + 15 = □	52 − 8 = □
61 − 5 = □	21 − 19 = □	89 + 5 = □	64 − 7 = □	47 + 24 = □
49 + 37 = □	57 + 6 = □	82 − 5 = □	37 + 59 = □	58 + 39 = □
88 + 7 = □	93 − 8 = □	36 − 8 = □	78 + 9 = □	71 − 6 = □

100

+ / -
gemischte Aufgaben

Verbinde: Immer 2 Aufgaben haben das gleiche Ergebnis!

76 + 9 =	71 - 58 =
4 + 9 =	92 - 59 =
17 + 38 =	44 + 46 =
78 - 19 =	100 - 15 =
40 - 7 =	61 - 6 =
12 + 6 =	18 + 39 =
92 - 35 =	99 - 40 =
63 + 27 =	9 + 9 =

48 - 27 =	100 - 46 =
65 + 3 =	17 + 4 =
17 + 37 =	59 + 9 =
8 + 4 =	25 + 26 =
55 - 4 =	71 - 59 =

Gut nachgedacht!

62 + 38 =	63 - 35 =	76 + 9 =	44 + 46 =	78 - 9 =
78 - 26 =	57 - 5 =	12 + 6 =	29 - 5 =	4 + 9 =
31 - 15 =	58 + 31 =	65 + 3 =	61 - 6 =	92 - 35 =
43 - 22 =	60 - 45 =	24 + 48 =	61 + 9 =	48 - 27 =
89 + 1 =	42 + 32 =	40 - 7 =	44 - 20 =	8 + 4 =
72 + 8 =	36 + 20 =	55 - 4 =	86 - 3 =	30 + 20 =
76 - 9 =	23 + 68 =	81 - 22 =	56 + 7 =	91 - 87 =
75 + 8 =	42 - 38 =	39 + 6 =	26 - 17 =	46 - 18 =
54 - 15 =	69 + 5 =	27 + 27 =	66 + 15 =	52 - 8 =
61 - 5 =	21 - 19 =	89 + 5 =	64 - 7 =	47 + 24 =
49 + 37 =	57 + 6 =	82 - 5 =	37 + 59 =	58 + 38 =
88 + 7 =	93 - 7 =	36 - 8 =	78 + 8 =	71 - 9 =

Verdoppeln

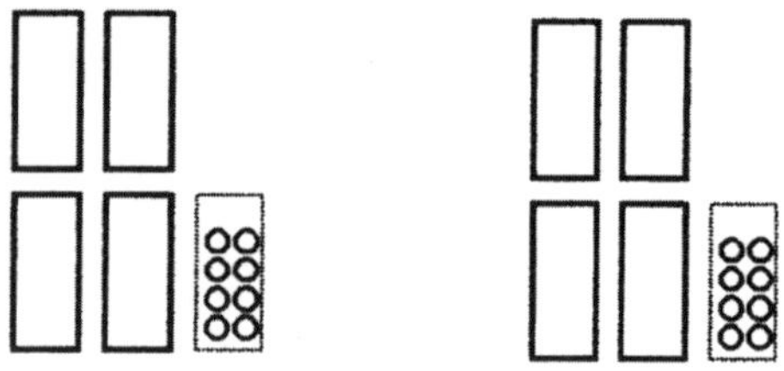

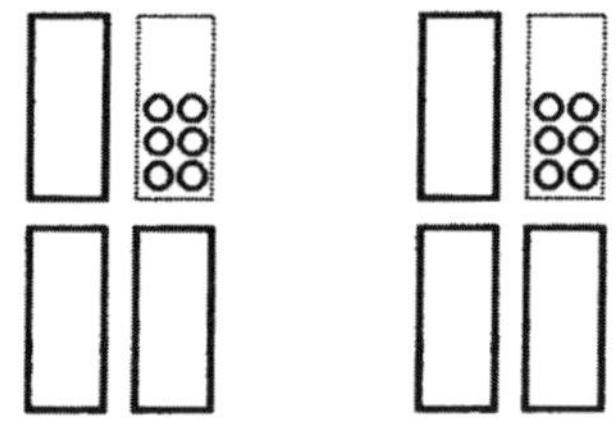

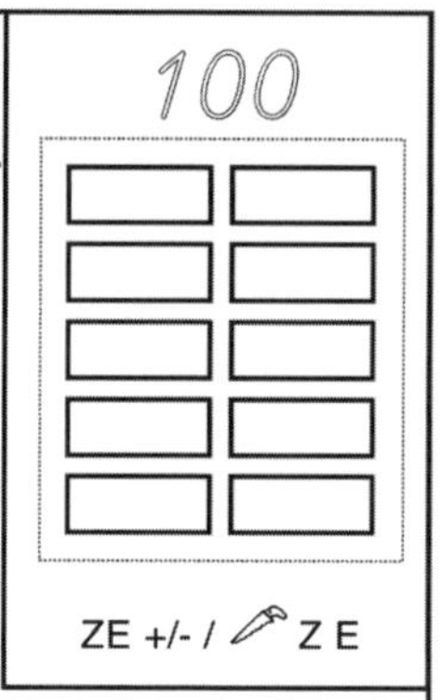

48 + 48 = ☐

36 + ☐ = ☐

15 + ☐ = ☐	44 + ☐ = ☐	46 + ☐ = ☐	8 + ☐ = ☐
30 ○ ☐ ○ ☐	27 ○ ☐ ○ ☐	17 ○ ☐ ○ ☐	38 ○ ☐ ○ ☐
16 ○ ☐ ○ ☐	25 ○ ☐ ○ ☐	45 ○ ☐ ○ ☐	42 ○ ☐ ○ ☐
33 ○ ☐ ○ ☐	39 ○ ☐ ○ ☐	28 ○ ☐ ○ ☐	19 ○ ☐ ○ ☐
29 ○ ☐ ○ ☐	18 ○ ☐ ○ ☐	9 ○ ☐ ○ ☐	24 ○ ☐ ○ ☐
47 ○ ☐ ○ ☐	40 ○ ☐ ○ ☐	37 ○ ☐ ○ ☐	49 ○ ☐ ○ ☐

Halbieren

82 = ☐ + ☐

44 = ☐ + ☐

22 = ☐ + ☐	76 = ☐ + ☐	90 = ☐ + ☐	96 = ☐ + ☐
52 ○ ☐ ○ ☐	34 ○ ☐ ○ ☐	68 ○ ☐ ○ ☐	56 ○ ☐ ○ ☐
100 ○ ☐ ○ ☐	16 ○ ☐ ○ ☐	38 ○ ☐ ○ ☐	48 ○ ☐ ○ ☐
46 ○ ☐ ○ ☐	84 ○ ☐ ○ ☐	40 ○ ☐ ○ ☐	54 ○ ☐ ○ ☐
98 ○ ☐ ○ ☐	80 ○ ☐ ○ ☐	14 ○ ☐ ○ ☐	50 ○ ☐ ○ ☐
70 ○ ☐ ○ ☐	24 ○ ☐ ○ ☐	62 ○ ☐ ○ ☐	10 ○ ☐ ○ ☐

Kistler/Schneider: Rechnen ohne Stolperstein · Band 3B

Bitte aufpassen!

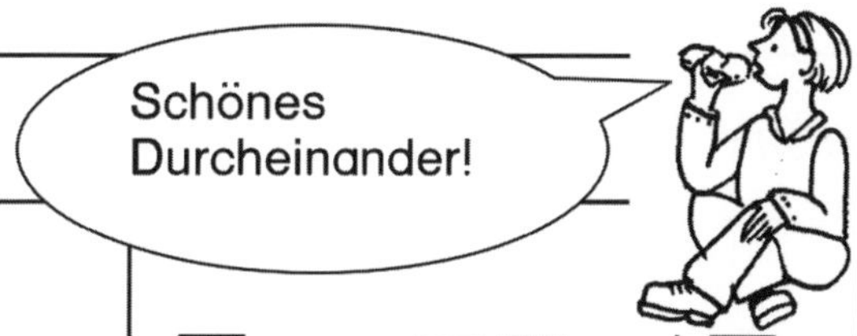

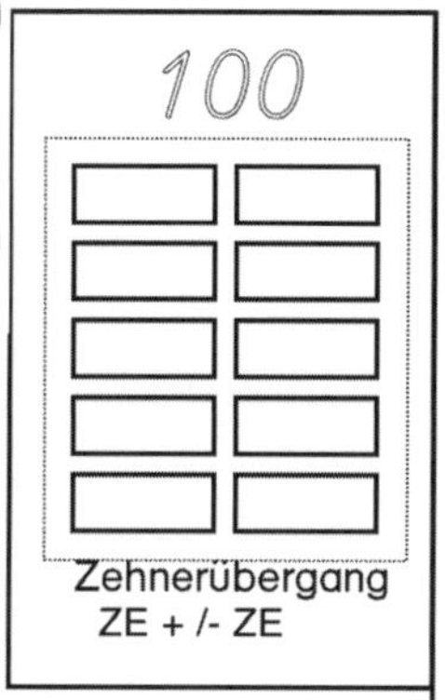

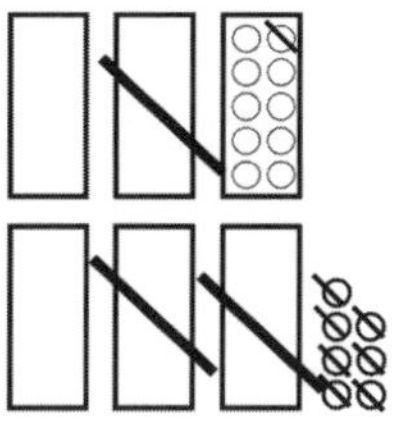	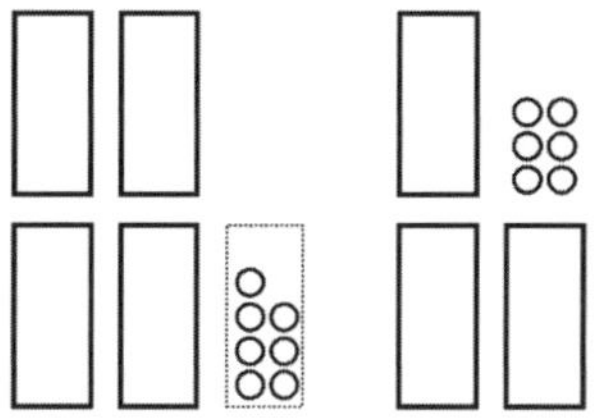	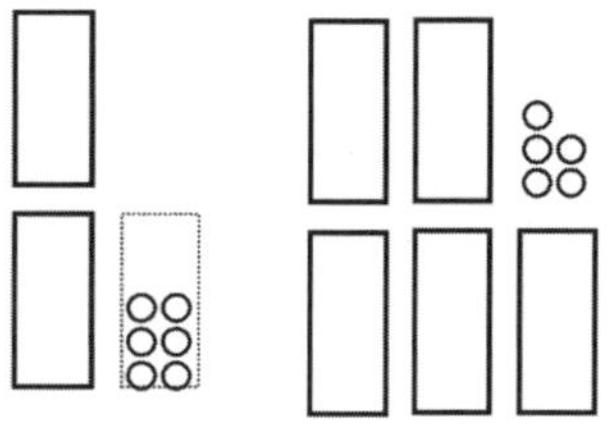	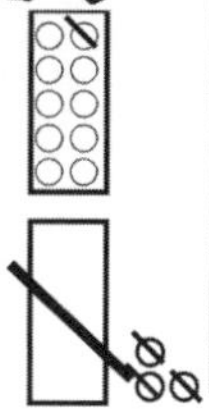
67 - 38 = ☐	47 + 36 = ☐	26 + 55 = ☐	23 - 14 = ☐

78 - 49 = ☐	74 - 68 = ☐	71 - 34 = ☐	95 - 47 = ☐	93 - 75 = ☐
47 + 35 = ☐	67 - 29 = ☐	86 - 35 = ☐	67 - 39 = ☐	85 + 15 = ☐
61 - 38 = ☐	48 + 17 = ☐	75 + 19 = ☐	64 + 27 = ☐	25 + 37 = ☐
67 + 25 = ☐	56 - 27 = ☐	83 - 47 = ☐	76 - 48 = ☐	45 + 36 = ☐
41 - 34 = ☐	79 + 21 = ☐	76 - 28 = ☐	78 - 49 = ☐	73 - 14 = ☐
86 + 14 = ☐	71 - 28 = ☐	24 + 58 = ☐	56 + 6 = ☐	42 - 24 = ☐

Rechne aus und male an!

91 - 17 = ☐	87 - 19 = ☐	72 - 38 = ☐	19 + 59 = ☐	94 - 25 = ☐
19 + 39 = ☐	44 + 53 = ☐	97 - 69 = ☐	65 - 38 = ☐	82 - 59 = ☐
48 - 29 = ☐	34 - 25 = ☐	75 - 18 = ☐	36 + 25 = ☐	18 + 78 = ☐
37 + 5 = ☐	38 + 29 = ☐	27 + 57 = ☐	72 - 48 = ☐	37 + 27 = ☐
9 + 26 = ☐	64 - 48 = ☐	92 - 67 = ☐	91 - 53 = ☐	93 - 86 = ☐
59 + 39 = ☐	42 + 57 = ☐	92 - 43 = ☐	44 + 35 = ☐	18 + 11 = ☐

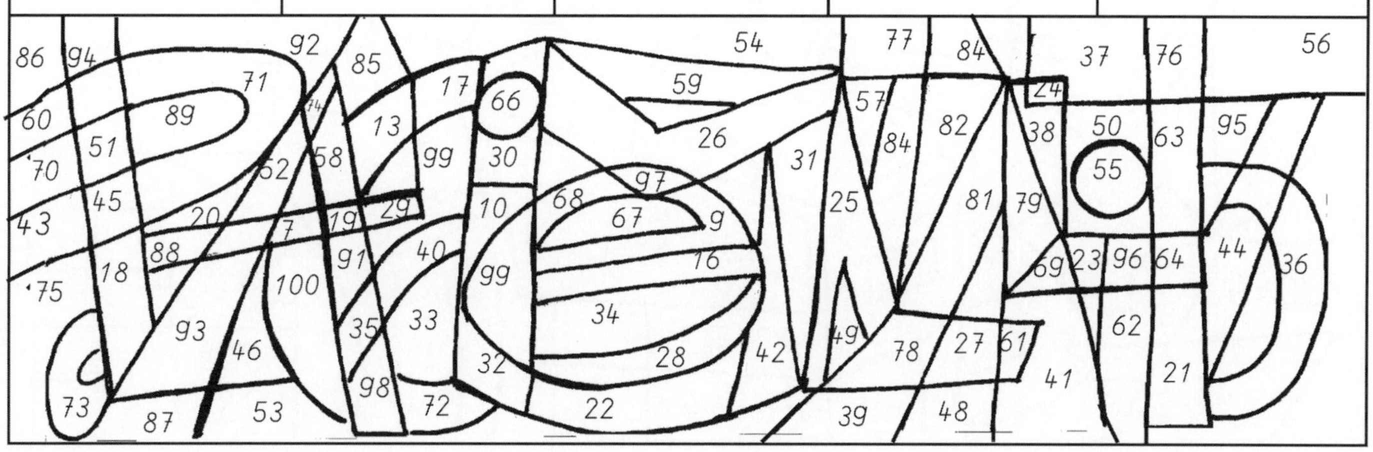

+ und - von 0 bis 100 !

100

Zehnerübergang +/-
gemischte Aufgaben

71 + 8 =	31 + 30 =	81 + 1 =	83 + 13 =	
95 - 68 =	15 - 9 =	40 + 48 =	27 + 6 =	
44 + 17 =	59 + 39 =	42 + 20 =	69 + 30 =	
23 - 10 =	34 - 8 =	74 - 45 =	31 - 6 =	
9 + 5 =	61 - 5 =	46 + 9 =	71 - 69 =	64 + 14 =
82 - 51 =	50 + 7 =	64 + 23 =	46 - 8 =	51 - 20 =

94 - 21 =	42 - 28 =	21 + 40 =	41 - 40 =	24 - 6 =
14 - 5 =	98 - 35 =	70 + 4 =	83 - 50 =	64 - 8 =
57 + 4 =	61 - 26 =	51 - 7 =	91 - 67 =	81 + 3 =
38 + 33 =	37 + 24 =	27 + 57 =	34 - 25 =	76 + 2 =
63 - 4 =	55 + 18 =	45 - 7 =	33 + 48 =	88 + 8 =
21 - 7 =	80 + 1 =	56 + 5 =	10 + 3 =	81 - 42 =

Rechnen beim Einkaufen!

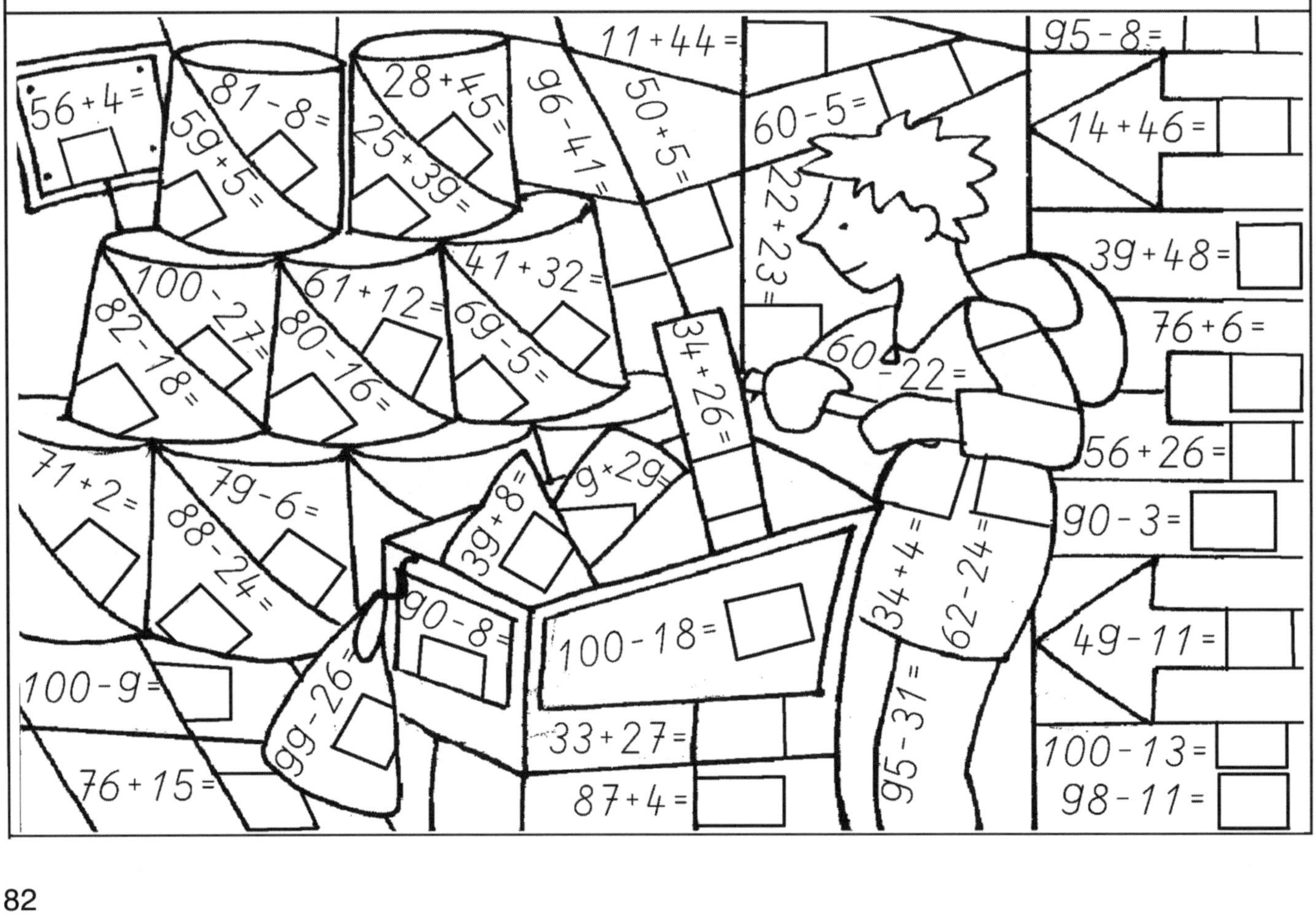

Nur für schlaue Köpfe!

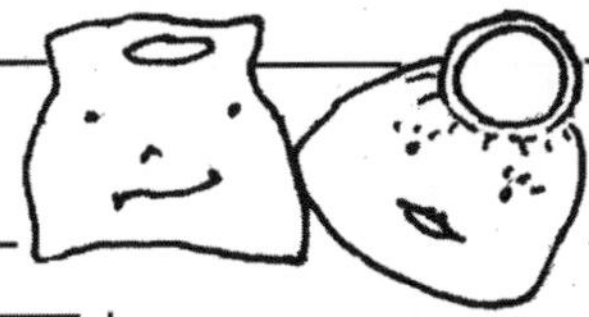

100

Zehnerübergang +/- gemischte Aufgaben

41 - 28 =	82 + 13 =	70 + 8 =	30 + 30 =	
97 - 35 =	26 + 6 =	94 - 68 =	14 - 9 =	
60 - 26 =	68 + 30 =	43 + 17 =	58 + 39 =	
36 + 24 =	30 - 6 =	22 - 10 =	33 - 8 =	
54 + 18 =	70 - 69 =	8 + 5 =	60 - 5 =	63 + 14 =
79 + 1 =	45 - 8 =	81 - 51 =	49 + 7 =	50 - 20 =

20 + 40 =	40 - 40 =	93 - 21 =	80 + 1 =	23 - 6 =
69 + 4 =	82 - 50 =	13 - 5 =	39 + 48 =	63 - 8 =
50 - 7 =	90 - 67 =	56 + 4 =	41 + 20 =	80 + 3 =
26 + 57 =	33 - 25 =	37 + 33 =	73 - 45 =	75 + 2 =
44 - 7 =	32 + 48 =	62 - 4 =	45 + 9 =	87 + 8 =
55 + 5 =	9 + 3 =	20 - 7 =	63 + 23 =	80 - 42 =

Fehlersuche:

Streiche falsche Aufgaben aus!
Buchstaben der richtigen Aufgaben trage unten ein!

B: 35 + 41 = 86	**E:** 60 - 4 = 56
I: 40 - 3 = 36	**S:** 9 + 7 = 16
D: 45 + 46 = 91	**R:** 50 - 41 = 19
U: 57 - 28 = 29	**K:** 46 + 9 = 55
K: 34 - 11 = 23	**A:** 87 - 50 = 47
L: 30 + 40 = 70	**I:** 59 + 31 = 90
U: 26 + 9 = 35	**N:** 70 - 20 = 50
G: 14 - 9 = 5	**O:** 72 - 36 = 38
A: 34 + 52 = 76	**D:** 29 + 43 = 72

Lösungssatz:

Viele, viele + und - Aufgaben

100

Zehnerübergang +/-
gemischte Aufgaben

8 + 9 =
84 - 57 =
79 - 28 =
76 - 30 =
24 + 18 =
30 + 60 =

57 + 4 =
14 - 4 =
48 - 34 =
96 - 41 =
55 - 32 =
99 - 79 =

48 + 38 =
25 + 59 =
98 - 39 =
70 - 40 =
83 - 47 =
59 + 17 =

85 - 78 =
12 + 19 =
11 + 32 =
99 - 58 =
95 - 37 =
42 + 33 =

79 + 17 =
17 - 8 =
67 - 28 =
82 - 58 =
43 + 32 =
26 + 20 =

44 + 34 =
27 + 17 =
12 - 6 =
82 - 67 =
70 - 30 =
7 + 79 =

38 + 57 =
44 - 26 =
36 + 26 =
20 + 50 =
57 + 46 =
19 - 6 =

6 + 8 =
58 - 29 =
86 - 42 =
97 - 58 =
9 + 62 =
27 + 9 =

Rechentabelle

	+13	-17	+23	-22	+16	-15	+16	-19
23	46	6						
36								
45								
54								
63								
77								

Aufgaben-Salat

100

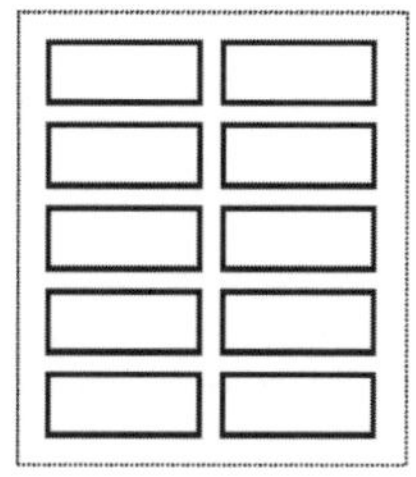

Zehnerübergang + / -
und ✎/ ⊞

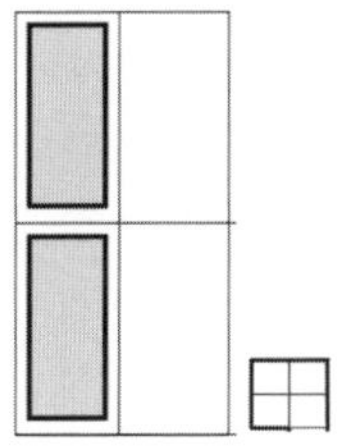

20 + ☐ = 44

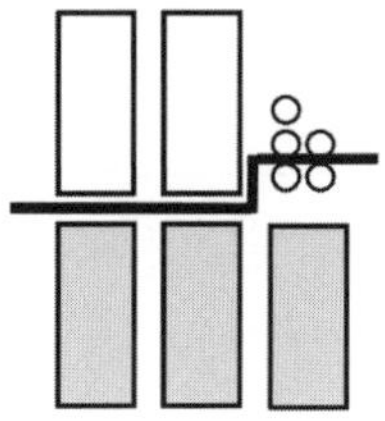

55 = 32 + ☐

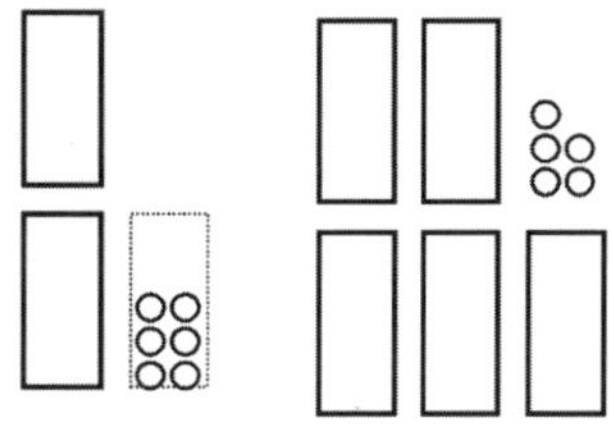

26 + 55 = ☐

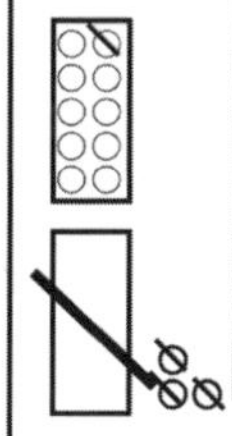

23 - 14 = ☐

88 - 34 = ☐	77 = 45 + ☐	66 + ☐ = 87	95 = 33 + ☐	76 = 43 + ☐
35 + ☐ = 96	40 + 50 = ☐	17 + ☐ = 68	9 + 7 = ☐	67 - 23 = ☐
53 + 11 = ☐	88 = 33 + ☐	10 + ☐ = 11	25 + 58 = ☐	42 + 27 = ☐
83 - 8 = ☐	28 + ☐ = 79	8 = ☐ + 3	41 + ☐ = 89	56 - 5 = ☐
77 = 23 + ☐	51 - 34 = ☐	73 + 27 = ☐	79 = 35 + ☐	46 + ☐ = 98
24 + 69 = ☐	86 + 6 = ☐	14 - 7 = ☐	86 - 38 = ☐	37 + ☐ = 69

Male die Ergebnisfelder aus!

69 = 63 + ☐	71 + ☐ = 79	77 - 13 = ☐	99 = 86 + ☐	87 = 81 + ☐
44 + 39 = ☐	28 + ☐ = 39	20 + ☐ = 27	67 - 19 = ☐	85 + 14 = ☐
69 = 54 + ☐	49 + ☐ = 50	75 + 18 = ☐	67 + 27 = ☐	25 + 75 = ☐
22 + ☐ = 69	50 = 40 + ☐	83 - 46 = ☐	70 - 9 = ☐	45 + ☐ = 50
38 - 9 = ☐	3 + 9 = ☐	78 = 12 + ☐	41 + ☐ = 78	19 = 10 + ☐
86 + 5 = ☐	76 - 46 = ☐	24 + 46 = ☐	52 + ☐ = 68	46 - 8 = ☐

Hunderter-Tafel

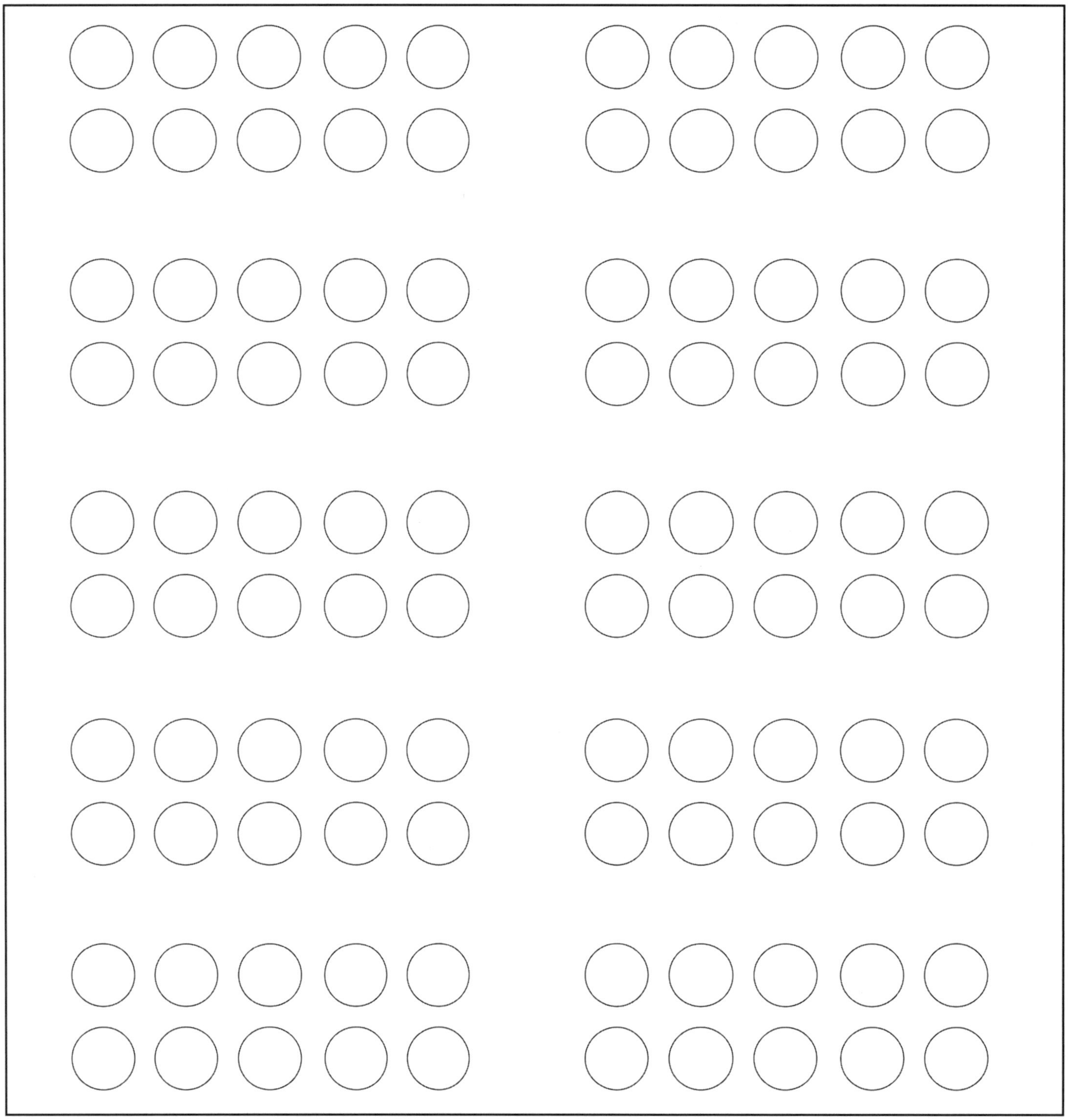

BRIGG Pädagogik VERLAG

Der neue Pädagogik-Fachverlag für Lehrer/-innen

Kinder in Deutsch spielerisch und handlungsorientiert fördern!!

BRIGG Pädagogik VERLAG

Jörg Krampe / Rolf Mittelmann

Lesestart 1

Spielend vom Buchstaben zum Wortverständnis

86 S., DIN A4,
40 Kopiervorlagen mit Lösungen
Best.-Nr. 256

Lesestart 2

Spielend vom Wort zum Satzverständnis

88 S., DIN A4,
40 Kopiervorlagen mit Lösungen
Best.-Nr. 257

Lesestart 3

Spielend vom Satz zum Textverständnis

88 S., DIN A4,
40 Kopiervorlagen mit Lösungen
Best.-Nr. 258

Spielerisch, handlungsorientiert, nachhaltig wirksam: Die Bände enthalten **je 40 Lesespiele** zum Erlesen und Verstehen sinnvoller Wörter, Sätze und Texte.
Die Spiele sind so angelegt, dass von Anfang an eine Selbstkontrolle durch die Kinder möglich ist. Dadurch eignen sich die Kopiervorlagen unabhängig von jedem Leselehrgang nicht nur für den normalen Unterricht, etwa für innere Differenzierung in Übungsphasen, sondern besonders auch für den **Förderunterricht**, die **Wochenplanarbeit**, zum selbstständigen **Lesetraining** und in **Vertretungsstunden**.
Sehr gut einsetzbar auch für die Förderung entwicklungsbenachteiligter Kinder.

Weitere Infos, Leseproben und Inhaltsverzeichnisse unter
www.brigg-paedagogik.de

Bestellcoupon

Ja, bitte senden Sie mir / uns mit Rechnung

_____Expl. Best.-Nr. ______________________

_____Expl. Best.-Nr. ______________________

_____Expl. Best.-Nr. ______________________

_____Expl. Best.-Nr. ______________________

Meine Anschrift lautet:

Name / Vorname

Straße

PLZ / Ort

E-Mail

Datum/Unterschrift — Telefon (für Rückfragen)

Bitte kopieren und einsenden/faxen an:

Brigg Pädagogik Verlag GmbH
zu Hd. Herrn Franz-Josef Büchler
Zusamstr. 5
86165 Augsburg

☐ Ja, bitte schicken Sie mir Ihren Gesamtkatalog zu.

Bequem bestellen per Telefon / Fax:
Tel.: 0821 / 45 54 94-17
Fax: 0821 / 45 54 94-19
Online: www.brigg-paedagogik.de